TISCHINSZENIERUNGEN

Phantasievolle Dekorationen
für gastliche Anlässe

TISCHINSZENIERUNGEN

Phantasievolle Dekorationen
für gastliche Anlässe

Fotograf: Heiner Orth

Designer: Thomas Niederste-Werbeck

Deutscher Fachverlag

FORUM TISCH
+RAUMKULTUR

Wir danken dem Sponsor Forum Tisch + Raumkultur, Köln, für die freundliche Unterstützung dieses Projektes.

Die Deutsche Bibliothek – CIP-Einheitsaufnahme

Tischinszenierungen: Phantasievolle Dekorationen für gastliche Anlässe / Fotograf: Heiner Orth, Designer: Thomas Niederste-Werbeck (Konzeption und Red.: Trimedia Public Relations AG). – Frankfurt am Main: Dt. Fachverl., 1991
   ISBN 3-87150-353-3
NE: Orth, Heiner

ISBN 3-87150-353-3

© 1991 by Deutscher Fachverlag GmbH, Frankfurt am Main
Alle Rechte vorbehalten. Nachdruck, auch auszugsweise, nur mit Genehmigung des Verlages.
Konzeption und Redaktion: Trimedia Public Relations AG
　　　　　　　　　　　　　Eschenheimer Anlage 25 A
　　　　　　　　　　　　　6000 Frankfurt am Main 1
Fachliche Beratung: Redaktion NGZ service manager
Fotos: Heiner Orth, Hamburg
Design: Thomas Niederste-Werbeck, Hamburg
Umschlag: Friederike Simmel, Frankfurt
Satz: Offenbacher Layoutsetzerei, Offenbach
Druck + Bindung: pdc, Paderborn

Inhalt

Vorwort 7

Phantasiethemen

Inszenierung in Blau 8
Exkurs: Porzellan 15

Hommage à Mondrian 18
Checkliste für Ausstellungen/
Vernissagen 26

Karibik 28

Jahreszeiten

Frühling 36
Exkurs: Blumen 44

Sommer 46

Herbst 54
Exkurs: Wein 62

Winter 64

Bankette

Reitverein 72

Firmenjubiläum 80
Checkliste zur Veranstaltungs-
organisation 87

5

 Galaempfang 88
Exkurs: Gläser 96

 Hochzeit 134

 Brunch 98

 Silvester 144
Exkurs: Sekt 151

Kurzporträts Fotograf und Designer 152
Location-Verzeichnis 154

Feste

 Geburtstag 106

 Valentinstag 114

 Taufe 124
Exkurs: Servietten 132

Vorwort

Genuß – Das Schlagwort der 90er Jahre

Genuß und Erlebnis bestimmen das Lebensgefühl der 90er Jahre. Unsere Gesellschaft ist von ständig wachsender Freizeit, dem Streben nach Individualität und einem unverwechselbaren persönlichen Lebensstil gekennzeichnet. Auch die Art und Weise des Speisens soll diesen Stil unterstreichen, in den eigenen vier Wänden wie außer Haus. Daher muß die Gastronomie, um erfolgreich am Markt zu agieren, ihre Rolle entsprechend neu definieren.

In seinem Bedürfnis nach Lebensqualität, Genuß und Freizeitspaß sind Optik und Qualität für den Gast heute gleichrangig. Eine Unternehmensphilosophie, deren Ziel es ist, sinnliche Welten zu schaffen und das Ambiente neben der Qualität in den Mittelpunkt zu rücken, setzt sich daher mehr und mehr durch.

Kreativität als Marketingfaktor

Kreativität auch in der optischen Gestaltung wird in dem Maße zum Marketingfaktor, wie sich immer mehr Menschen kulinarische Genüsse leisten können und diese als selbstverständlich empfinden. Auf das Wohlbefinden des Gastes hat der geschmack- und phantasievoll gedeckte Tisch einen entscheidenden Einfluß. Hier ist der zentrale Ort, wo die Sinne angesprochen werden, wo durch die Harmonie von Funktion und Ästhetik von Glas, Porzellan und Besteck und vor allem durch eine individuell gestaltete Tafel Atmosphäre geschaffen wird. Kreative Spielereien mit Accessoires, Farben, Blumen und Dekors setzen Akzente und lassen den Gast das vertraute Ambiente immer wieder neu erleben. Eine Tischinszenierung, die auf kunstvolle Weise die Sinne des Gastes anspricht, ist nicht zuletzt auch ein Beweis der Leistungsfähigkeit eines gastronomischen Unternehmens.

Das Restaurant als „Gesamtkunstwerk" ist gefragt. Wesentlich dabei ist die Harmonie aller Teile: Standort, Architektur, die Räumlichkeiten und deren Gestaltung, Zielgruppen, Angebote und Präsentation von Speisen und Getränken, Tischkultur und Dienstleistungsphilosophie des Hauses. Um etwas Unverwechselbares zu schaffen, ist es wichtig, ein Konzept konsequent in allen Bereichen umzusetzen.

Haben wir Sie neugierig gemacht?

Zu sechzehn Anlässen des gastronomischen All- und Festtags haben wir außergewöhnliche Tischinszenierungen gestaltet. Wir wollen Sie damit aber nicht nur zum Träumen verführen – dieses Buch enthält auch viele handfeste Tips für die praktische Umsetzung phantasievoller Tafeldekorationen. Dabei haben wir sowohl Standardanlässe ausgewählt als auch Themen, die Anregungen für Aktionen oder Veranstaltungen im Kundenauftrag geben. Spielend leicht lassen sich unsere Inszenierungen umsetzen, wobei die kreative Gestaltung einer Tafel nicht von der Höhe des Budgets abhängt. Wir zeigen Ihnen, daß Sie Ihre Gäste auch mit einfachen Mitteln faszinieren können.

Ob Sie mit einer konsequenten Dekoration in einer Farbe eine stimmungsvolle Atmosphäre schaffen, die Tafel mit einer Hommage à Mondrian in ein Kunstwerk verwandeln oder die exotische Welt der Karibik auf den Tisch zaubern – der Phantasie dürfen Sie freien Lauf lassen, wenn Sie Ihre Gäste mit einer originellen Idee überraschen wollen. Auch die vier Jahreszeiten lassen sich für den besonderen Anlaß, aber auch für den gastronomischen Alltag inszenieren. Die Frische des Frühlings, die heitere Stimmung des Sommers, herbstliche Farbenpracht und das Idyll einer Winterlandschaft können Sie Ihren Gästen auf charmante Weise auftischen. Wie gesellschaftliche Ereignisse zu optischen Erlebnissen werden können, zeigen unsere Beispiele für die bis ins kleinste Detail auf den Anlaß abgestimmte Gestaltung von Banketten. Auch traditionelle Feste – von Geburtstag über Hochzeit bis Silvester – lassen sich mit einer phantasievollen Tischinszenierung außergewöhnlich feiern.

Der Tisch erhielt erst gegen Ende des Mittelalters eine Bedeutung, die der heutigen nahekommt. Er nahm nicht nur größere Ausmaße an, sondern rückte in den Mittelpunkt des Raumes und der Gemeinschaft – als Ort der Kommunikation und des Genusses. Seinem Schmuck und seiner Ausgestaltung wurde mit der Zeit immer größere Bedeutung beigemessen. Während die Tischdecke in früheren Zeiten eine reine Schutzfunktion erfüllte, steht das Decken des Tisches heute für Kreativität, Selbstdarstellung und Individualisierung. Der gedeckte Tisch ist in unserer Gesellschaft zum Ausdruck des Lebensgefühls geworden.

Hotel Prem	Rexrodt	Il Ristaurantino	Landhaus Scherrer
An der Alster 9	Papenhuderstraße 35	Kaiser-Wilhelm-Straße 71	Elbchaussee 130
2000 Hamburg 1	2000 Hamburg 76	2000 Hamburg 36	2000 Hamburg

Location-Verzeichnis

Hotel Atlantic
An der Alster 72
2000 Hamburg 1

Cölln´s
Brodschrangen 1-5
2000 Hamburg 11

D.O.C.
Rambachstraße 9
2000 Hamburg 11

Hotel Inter Continental
Karl-Arnold-Platz 5
4000 Düsseldorf

Café Liebermann
Glockengießerwall
2000 Hamburg 1

La Mouette
Neumuehlen 50
2000 Hamburg 50

Le Pacquebot
Gerhart-Hauptmann-Platz 70
2000 Hamburg

Designer: Thomas Niederste-Werbeck

Thomas Niederste-Werbeck ist seit 1988 freischaffender Stylist und Designer. Er arbeitet in allen Bereichen der Dekoration, wie Festausstattung, Messegestaltung, Möbel- und Objekt- Design, sowie für Interieur-Fotos und Stills. Die Dinge, mit denen er umgeht, liefert ihm die Natur, einfach und echt. Seine Arbeiten erschienen in Architektur + Wohnen, Elle Decoration, Vogue Decoration, Schöner Wohnen Decoration.
Thomas Niederste-Werbeck lebt in Hamburg.

Kurzporträts

Fotograf: Heiner Orth

Heiner Orth arbeitet seit 1984 als freischaffender Fotograf. Er hat sich neben Reportagen auf Interieur-Fotos und Stills spezialisiert. Seine Arbeiten sind in redaktionellen Beiträgen für alle großen deutschen Publikationen und auch in der Werbung zu finden. Heiner Orth lebt in Hamburg.

Exkurs: Sekt

Sein schäumender Charakter kann das Faß schon einmal zum Überlaufen bringen, und auch vor Etikettenschwindel ist er nie ganz gefeit: Sekt, das prickelnde Erlebnis, das mit einem wahren Knalleffekt den grauen Alltag zum Festtag werden läßt. Kaum ein anderes Getränk präsentiert sich so vielfältig auf dem moussierenden Markt, verständlich also, daß sein spritziger Siegeszug allerorten nicht mehr aufzuhalten ist.

Ob nun als edler Aperitif, als fruchtiges Mixgetränk oder einfach pur genossen, Sekt ist immer gleichermaßen Ausdruck schäumender Lebensfreude. Und an eben der scheint es hierzulande wahrlich nicht zu fehlen. Wenngleich unsere französischen Nachbarn schon aus Tradition in der Sekt- und Schaumweinproduktion an erster Stelle liegen, so rangieren die durstigen Deutschen bei dem Genuß desselben unangefochten auf Platz eins in der Sekt-Weltrangliste. Weit über 400 Millionen Flaschen des perlenden Edelerzeugnisses werden jährlich in deutschen Landen zu kleinen und großen Anlässen geleert, Tendenz steigend. Unumstrittene Spitzenreiter der hiesigen Herstellung sind die beiden Bundesländer Rheinland-Pfalz und Hessen, in deren Händen fast 95 Prozent der prickelnden Produktion ruhen.

Es ist nicht nur ein simpler Trinkspruch, daß Sekt nur so gut sein kann wie der dazugehörige Wein. Rheinriesling heißt hier die meisterliche Marke, die mit ihrem typischen herb-fruchtigen Geschmack die Gaumen der Genießer und Kenner verwöhnt. Doch damit sich das edle Erzeugnis auch berechtigterweise Rieslingsekt nennen darf, müssen mindestens 75 Prozent der verwendeten Stillweine aus Rieslingtrauben stammen; dann nämlich erst ist für Kenner das rassig-feine Bukett voll gewährleistet.

Während sich die Herstellung dieses teuren Tropfens aufwendig gestaltet und große Sachkenntnis dazu vonnöten ist, zeigen sich Sekt und Schaumweine bei ihrer Lagerung relativ genügsam. Ein kühler, sonnengeschützter Raum garantiert die ihnen eigene lange Lebensdauer, die sich bis zu einer Haltbarkeit von über zehn Jahren erstrecken kann.

Für perlenden, ungetrübten Genuß sollte der Sekt mit einer optimalen Temperatur von 6 bis 8 Grad serviert werden, doch um das Tiefkühlfach sollte jeder Sektliebhaber einen großen Bogen machen, denn dieses wäre der sichere Tod für den sensiblen Schönen. Eine Lagerung im stehenden Zustand käme ebenfalls einem Meuchelmord gleich, wenn die feine Flasche über einen Naturkorken verfügt. Nur im Liegen wird der Pfropfen stets von der kostbaren Flüssigkeit benetzt und schrumpft somit nicht. Zu einem echten Glaubensbekenntnis unter Sektliebhabern ist inzwischen die feinsinnige Frage geworden, ob denn nun als passendem Gefäß für den quirligen Tropfen dem schlanken Kelch oder der formschönen Schale der Vorzug zu geben sei. Trotz aller Kontroversen sind sich Fachleute in aller Herren Länder einig: Wahre Connaisseure entscheiden sich für Kelche. Denn bei der Schale gilt schon fast „Nomen est omen"; in ihr verwandelt sich der sprudelnde Sekt schnell in ein schales und warmes Wässerchen.

Ein Kompromiß zur Güte wäre die formschöne Sektfontäne, deren oberes Viertel sich leicht schalenförmig erweitert. Denn schließlich gilt für echten Genuß ohne Reue der Grundsatz: Die stolze Blume dieses geistigen Getränkes darf auf keinen Fall geknickt werden…

gens, überraschen Sie Ihre Gäste mit einer phantasiereichen Tafelinszenierung, und ein rauschendes Fest mit ausgelassener Stimmung wird das neue Jahr einläuten.

Glück muß der Mensch haben

Eine phantasievoll gestaltete Tafel zur Silvesterfeier soll Ihre Gäste am Vorabend des neuen Jahres zwar wunschlos glücklich machen, doch damit das Glück ihnen auch im kommenden Jahr treu bleibt, dürfen die traditionellen Symbole natürlich nicht fehlen. Mit einer Vielzahl kleiner Glücksbringer, die auf der Tafel ausgestreut werden, wünschen Sie Ihren Gästen auf sympathische Weise das Beste fürs neue Jahr. Eine glückliche Hand in dieser Hinsicht zeigen Sie mit vierblättrigen Kleeblättern, kleinen Glücksschweinen, Hufeisen oder Miniaturschornsteinfegern.

Wider den tierischen Ernst

Griesgrämige Grantler und Miesepeter haben an Silvester keine Chance. Auch eine fröhliche Dekoration, die so richtig Lust aufs Feiern macht, trägt dazu bei, daß das Stimmungsbarometer steigt, je näher die zwölfte Stunde rückt.

Luftschlangen, die sich lustig über den Tisch kringeln, sind ein altbewährtes Mittel wider den tierischen Ernst. Lassen Sie außerdem reichlich Konfetti regnen, und das heitere Bild Ihrer Tischdekoration erhält kunterbunte Farbtupfer. Mit Pailletten (erhältlich in Geschäften für Partybedarf) bunt gemischt, streuen Sie so gute Laune unter Ihre Gäste.

Das fröhliche Bild setzt sich auf den Tellern fort. Papierhütchen in poppigen Farben dienen nicht nur der Dekoration, sondern sorgen zu späterer Stunde dafür, daß die fest Feiernden gut behütet ins neue Jahr rutschen. Besonders originell wirkt das Tafelbild, wenn Sie die kunstvoll gefalteten Servietten jeweils unter einen Papierhut bringen.

Blumen gehören natürlich auch zur Silvesterfeier, und zwar in ganz verschiedener Weise: Zunächst blüht den Gästen das neue Jahr in Gestalt eleganter, weißer Casablanca-Lilien, die in einer geschmackvollen Schale in der Tischmitte die Blicke auf sich ziehen. Aus Papier dagegen sind die bunten Nelken, die auf den Tellern prangen.

Schon Stunden vor den Böllern zur Begrüßung des neuen Jahres können Sie für einen vorzeitigen Knalleffekt sorgen. Versehen Sie Ihre Gäste dazu in ausreichender Menge mit den fast schon obligatorischen Knallbonbons.

Klassischer Ausgang

Es liegt etwas in der Luft an diesem ganz besonderen Abend, und mit originellen Ideen können Sie die stimmungsvolle Atmosphäre der Silvesternacht unterstreichen. In luftiger Höhe schweben Ballons, farblich abgestimmt in Blau und Grün. Bunte Bänder baumeln davon lustig herab und tanzen sanft im Luftzug.

Soll das Jahr mit einem heiter-festlichen Schlußakkord ausklingen, und wollen Sie einmal ganz ungewöhnliche Töne anschlagen, dann gibt es für Georg Friedrich Händels „Feuerwerksmusik" wohl kaum einen passenderen Anlaß.

Silvester – Gastlicher Knalleffekt

Es ist alles andere als ein leiser Abschied, wenn das alte Jahr sein Happy-End feiert und für das neue der Startschuß gegeben wird. Silvester ist kein Tag wie jeder andere und wird deshalb zum Knalleffekt des Jahres.

Mit dem alten Jahr schließt jeder auf seine Weise ab. Da werden in rauschenden Ballnächten die Schuhsohlen durchgetanzt, andere verschaffen dem zur Neige gehenden Jahr mit einer zünftigen Silvesterfete einen

lautstarken Abgang. Manche nehmen die Neujahrsnacht zum Anlaß, mit guten Freunden beim Fondue gemütlich zusammenzusitzen, und wieder andere feiern in geschlossener Gesellschaft, beim ganz privaten Dinner for two.

Ob nun zwei, zwanzig oder zweihundert Menschen den Rutsch ins neue Jahr gemeinsam unternehmen, wichtig ist vor allem, daß man „zwischen den Jahren" nicht schutzloses Opfer von bösen Geistern wird. Diese treiben, das glaubten zumindest noch unsere Vorfahren, besonders in der Silvesternacht ihr Unwesen. Lärmen, Schießen und Vermummung sollten nach dem Volksglauben Geister und Dämonen vertreiben.

Ganz so abergläubisch sind die Menschen heute freilich nicht mehr. Aber alte Bräuche, die auf den überlieferten Glauben zurückgehen, daß der letzten Nacht des Jahres ein besonderer Zauber anhafte, haben sich über alle Zeiten hinweg gerettet. Magie und Mythos fließen ineinander, wenn in der Silvesternacht Blei gegossen wird, um damit einen Blick in die Zukunft werfen zu können. Es ist eine kleine Wissenschaft für sich, aus den Bleisymbolen berufliche oder private Perspektiven herauszulesen. Ob die Wahrsager dieser Nacht ihren Namen auch verdient haben, läßt sich spätestens am nächsten Silvestertag überprüfen.

Auch das Kartenlegen ist ein beliebter Zeitvertreib, bis die Zeiger der Uhr endlich auf zwölf vorgerückt sind und die Freude zur Begrüßung des neuen Jahres überschäumen darf – wenn nämlich Sekt- und Champagnerkorken knallen.

Draußen wird die Nacht zum Tage, indem dem alten Jahr ein Schlußlicht aufgesetzt und der Himmel in bengalisches Feuer getaucht wird. Ein festliches, farbenprächtiges Schauspiel wird allerorten inszeniert, um das neue Jahr willkommen zu heißen: Leuchtkugeln, Feuerräder, Wunderkerzen, Wasserfälle und funkensprühende Raketen verwandeln den Nachthimmel in ein funkelndes Farbenmeer und setzen Jahr um Jahr einen schillernden Schlußpunkt.

Lassen Sie den Funken überspringen. Eine Tischdekoration, die Silvester mit einem Feuerwerk guter Ideen glänzend in Szene setzt, ist ein zündender Gedanke.

Arrangement und Accessoires

Heiter und festlich zugleich klingt das alte Jahr aus – mit einer funkelnden Farbenpracht, wie sie kein Feuerwerk phantastischer an den nächtlichen Himmel zaubern könnte. Üppige Dekorationen, leuchtende Farbenvielfalt und verschwenderische Fülle bestimmen das Bild der Silvestertafel.

Damit die letzte Nacht des Jahres in des Wortes wahrstem Sinn ein bunter Abend wird, darf an origineller Dekoration nicht gespart werden. Schwelgen Sie in allen Farben des Regenbo-

Silvester

feierliche und zugleich verspielt-charmante Note. In farblicher Übereinstimmung damit zieren weiße und zart roséfarbene Bänder, wie sie vielleicht auch die kleinen Brautjungfern in ihrem Haar tragen, die klassisch-schöne Kreation.

Schneeweiß und Rosenrot

Aparte Akzente und kunstvolle Kontraste erzielen Sie auf Ihrer Hochzeitstafel, wenn voll erblühte Rosen, üppig über den ganzen Tisch verstreut, zusammen mit dem Weiß der Decke wie Schneeweißchen und Rosenrot wirken. Doch auch weiße Königinnen des Blumenreichs, wie aus dem Brautstrauß entliehen, bilden zusammen mit rosa Rosen in mit Moos gefüllten Weidenkörbchen einen reizvollen und betont natürlichen Kontrast zu der ansonsten sehr eleganten Tafel.

Dem Brautpaar zu Ehren

Auch wenn jedes einzelne Gedeck durch kostbares Porzellan, hier in Bleu und Weiß, und kunstvoll gefaltete Servietten aus feinem Damast zum stimmigen Gesamteindruck beiträgt, so sollten doch die Plätze der beiden Hauptpersonen an ihrem großen Tag ein wenig aus dem festlichen Rahmen fallen. Als unübersehbarer Blickfang setzt sich hier eine prächtige, vierstöckige Hochzeitstorte filmreif in Szene und versüßt dem jungen Paar den Beginn des gemeinsamen Lebenswegs. Auch die reich verzierte Torte reiht sich in den zarten Farbreigen in Weiß und Rosé ein.

Mit weißen Tüllschleifen, die schon dem Tisch zur Ehre gereichen, tiefgrünem Blattschmuck und zwei hübschen Turteltauben (im Floristenfachgeschäft erhältlich) werden zwei schlichte Stühle zu wahren Ehrenplätzen für das frischvermählte Paar.

Eine Tafel voller Glanzlichter

Damit schimmerndes Porzellan, blanke Gläser und edles Silberbesteck ins rechte Licht gerückt werden, verbreiten silberne Kandelaber auf der Tafel festlichen Schein und setzen so weitere Glanzlichter auf einem Tisch voller Höhepunkte.

Es versteht sich von selbst, daß bei einer großen Festrunde jedem Gast auf passende Weise der vorgesehene Platz gewiesen werden sollte. Elegante Tischkarten, zum Beispiel aus weißem Büttenpapier, bleiben im dekokrativen Rahmen und erfüllen dennoch ihre praktische Funktion. Besonders apart wirkt ein goldener Schriftzug (Spezialstift in Schreibwarengeschäften erhältlich) auf diesem weißen Untergrund. Denn Romantik in edler Aufmachung ist das charmante Credo dieser Tafel.

Das Glück zum Greifen nah

Bei einem festlichen Hochzeitsmenue sind nicht nur traditionelle Tafelsitten richtig am Platz, auch die kleinen Bräuche am Rande sollten bei der romantischen Runde nicht fehlen. Halten Sie für Ihre Gäste und besonders für das Brautpaar das Glück zum Greifen nah bereit: Auf einer mit weißen Bändern geschmückten Jardiniere aus kunstvollem Drahtgeflecht reihen sich mit Reis gefüllte Papiertüten auf. Auch an die kleinen Gäste wird dabei gedacht, die eine Etage tiefer hübsche Körbchen mit Blumen zum Streuen finden.

Mit Pauken und Trompeten

Es müssen nicht gerade Pauken und Trompeten sein, die die Vermählten musikalisch hochleben lassen. Doch die passende Tafelmusik rundet das Hochzeitsessen harmonisch ab.

Gleichmäßige Barockmusik oder taktvolle Menuette eignen sich vortrefflich als dezente Hintergrundmusik mit eigner Note. Später tanzen die beiden Brautleute mit einem traditionellen Hochzeitswalzer ins Glück, das nach diesem gelungenen Start sicher ein Leben lang hält.

Hochzeit – Wenn Ja-Sager sich trauen

Auch wenn immer noch zwei dazu gehören, so ist sie dennoch eine einmalige Sache, bei der selbst kritische Zeitgenossen zu überzeugten Ja-Sagern werden. Obgleich durch sie viel Farbe ins gemeinsame Leben kommt, präsentiert sie sich doch am liebsten in Weiß: die Hochzeit, der Tag, an dem ein Paar sich glücklich traut.

Kaum ein anderes großes Fest vereint so viele Bräuche und Traditionen in sich wie die Hochzeitsfeier. Auch wenn man heute nur noch im symbolischen Sinne unter die Haube kommt, so ist die Eheschließung noch immer ein entscheidender Einschnitt im Leben zweier Menschen. Verständlich also, daß gerade an diesem Tag, wenn man nun endlich die lang ersehnte Traumfrau oder den eigenen Prinzen an seiner Seite weiß, ein ganz persönliches Märchen wahr werden soll – leistet man doch immerhin den schönsten Schwur des Lebens.

In seiner langen Historie hat dieses Familienfest schon die unterschiedlichsten Formen der Ausgestaltung erlebt. Von prachtvollen Trauungen in kaiserlichem Zeremoniell über standesgemäße Verbindungen nach bürgerlicher Sitte bis hin zu den ausgelassenen Flower-Power-Festen der 60er Jahre wurden die obligatorischen Ringe schon in nahezu jeder erdenklichen Form getauscht. Viele modische Trends bewiesen aber nur wenig Durchhaltevermögen gegenüber bewährten Bräuchen und schönen Sitten: Mehr Paare denn je bevorzugen in unserer Zeit wieder eine glanzvolle Hochzeit.

Doch nicht nur die Art zu feiern unterliegt dem Wandel der Zeiten. So zeigte sich auch die verliebte Braut nicht immer in der sinnbildlichen „weißen Weste". Im 16. Jahrhundert etwa präsentierten sich Bräute durchaus farbenfroh und sprachen das ersehnte Ja-Wort in leuchtendem silber-, blau- oder golddurchwirkten Brokatstoff. Die Braut des frühen 17. Jahrhunderts traf man zwar auch in Samt und Seide, doch vorzugsweise in gedeckten Tönen bis hin zu Schwarz vor dem Traualtar an. Erst die von Farben faszinierten Höflinge brachten dann Licht in das Hochzeitsdunkel: Zarte Pfirsichtöne und mattes Gelb setzten sich allmählich durch, bis dann das jungfräuliche Weiß seinen siegreichen Einzug hielt.

Nachdem in unserem Jahrhundert in Sachen Festmode so ziemlich alles erlaubt war, was den jeweiligen Hochzeitern gefiel, vom modischen Mini bis hin zum alltäglichen Freizeit-Look, steht nun wieder ein prächtiges Fest in strahlendem Weiß und mit duftigem Schleier ganz oben auf der Hochzeitswunschliste. Denn den Hafen der Ehe will man gut gerüstet und schön geschmückt erreichen.

Die Tafel darf bei diesem Anlaß mit der glücklichen Braut um die Wette strahlen. Denn wie viele Freunde und Verwandte auch immer sich zum großen Mahl eingefunden haben, für zwei Menschen sollte dieser Tag in jeder Hinsicht ein einzigartiges Erlebnis sein. Und zum unvergeßlichen Fest gehört auch eine außergewöhnlich schöne Tafel.

Arrangement und Accessoires

Wenn die Trauung in der Kirche vorüber ist, die größte Aufregung sich bei den beiden Hauptakteuren und der Hochzeitsgesellschaft gelegt hat und auch die letzten Taschentücher wieder verschwunden sind, dann ist genau der richtige Zeitpunkt gekommen, einen weiteren Höhepunkt im festlichen Programm zu setzen. Überraschen und verzaubern Sie Ihre Gäste mit einer wahrlich märchenhaften Tafel, die eine traumhafte Dekoration zur überwältigenden Wirklichkeit werden läßt. Präsentiert sich die Festtafel in blütenreinem Gewand und mit glänzendem Charme, dann wird es bei Ihren Gästen sicherlich Liebe auf den ersten Blick sein.

Klassisch-schöne Kreation

Weiß, wohin das Auge schaut. Legen Hochzeitspaar und Gäste Wert auf Tradition, dann darf sich auch das Tischgewand der klassischen Brautfarbe bedienen. Edler, schneeweißer Damast bedeckt bodenlang die Tafel, während sich um die einzelnen Dekorationselemente wie Blumenschmuck und Hochzeitstorte zarte, duftige Tüllschleier ranken. Sie verleihen dem Ensemble eine

Hochzeit

können Servietten mehr denn je ihre buchstäblichen Entfaltungsmöglichkeiten zeigen: Als aparte „Lilie" oder in origineller Wellenform, als klassischer „Tafelspitz" oder duftiger Blütenfächer ziehen sie als edler Blickfang im Tafelarrangement die Aufmerksamkeit der Gäste auf sich.

    Der Stoff, aus dem die Servietten-Träume sind, sollte jedoch jeweils auf das entsprechende Tischtuch abgestimmt werden. Bevorzugt man eine kunstvolle Kreation ganz Ton in Ton, dann sollte die Serviette in ihrer Beschaffenheit eine Nuance feiner ausfallen als die Tafeldecke. Bei farblichen Abstufungen und Schattierungen hingegen, darf das Material ruhig gleich sein.

Denn ob Damast oder Leinen, ob bunt oder uni, unentbehrliche Requisiten für eine effektvolle Tischinszenierung sind diese feinen Tücher allemal.

    Auch wenn Papierservietten manchen nicht fein genug scheinen, so bieten sie sich doch wegen der Vielfalt der Farben und Muster, in denen sie erhältlich sind, gerade für ausgefallenere Tischdekorationen an.

    Servietten aus feinen Japanpapieren sind außerdem nicht weniger edel als der traditionelle Damast und bringen nicht nur in fernöstlichen Dekorationen frischen Wind.

Exkurs: Servietten

Die alten Römer wußten schon lange um ihren Wert. Im Mittelalter wiederum nahm man weder ein Blatt noch ein Tuch vor den Mund. Im 18. Jahrhundert schließlich avancierten sie zu regelrechten kleinen Kunstwerken, und heute sind die Servietten so selbstverständlich wie Messer und Gabel.

Doch diese kleinen, handlichen Tücher, die inzwischen in allen Farben und Formen längst zu einem Dekorationselement herangewachsen sind, waren nicht in allen Tischkulturen selbstverständlich beheimatet. So geistig hochstehend beispielsweise die weltoffenen Griechen ansonsten waren, noble Tischsitten waren für dieses kosmopolitische Volk dann doch eher böhmische Dörfer. Die Römer hingegen ließen sich allen Gerüchten ob ihrer Manieren bei Tisch zum Trotz nicht lumpen: Hilfreiche Werkzeuge wie ein scharfes Tranchiermesser für hartnäckige Stücke gehörten zur bevorzugten Eßausstattung. Die Finger wurden schon früh nicht mehr an der ansonsten so praktischen Toga abgewischt, denn Fingerschälchen mit frischem Wasser und eben Servietten dienten zur sorgsamen Reinigung.

Wie in so vielen Dingen erwies sich die Zeit um Karl den Großen auch in der Tischkultur als das bekannte, finstere Mittelalter. Man verzichtete nicht nur völlig auf Teller und Besteck; auch andere Tafelerrungenschaften der Zivilisation, wie besagte Mundtücher, verschwanden gänzlich aus dem alltäglichen Bild.

Erst Ende des 11. Jahrhunderts kam dann endlich Licht in das Dunkel. Kreuzfahrer brachten neben ihren Eroberungen auch verfeinerte Tafelsitten mit in die heimischen Lande. Servietten waren auf einmal in oder vielmehr an aller Munde, und in besseren Kreisen waren sie sogar eigens für jeden einzelnen Gast an der Tischdecke befestigt.

Im buchstäblichen Sinne entfalten konnte sich dieses kleine, aber feine Tafeltuch jedoch erst im Laufe des 18. Jahrhunderts, als die ganze Bandbreite der hohen Kunst des Serviettenbrechens vor allem bei Hofe zum Tragen kam.

Bei allem praktischen Nutzen nur den rein funktionellen Charakter zu sehen, hieße der Serviette zu wenig Ehre angedeihen zu lassen. Zu Kaisers Zeiten beispielsweise war sie eine wahrhaft königliche Tischzierde, die, versehen mit dem jeweiligen Herrscherwappen, der Tafel eines jeden geschmacklich versierten Regenten gut zu Gesichte stand. Daß dabei jeder ganz persönliche Akzente setzen wollte, versteht sich fast von selbst. Kaiserin Maria Theresia bevorzugte für ihre adlige Person in erster Linie damastene Tücher in Königsblau, während der volksnahe Franz Josef sein eigenes Wappen hier verewigt sehen wollte. Mit eigener Brechkunst, die die vielgepriesene „Kaiserserviette" schuf, ging Franz Josef in die große Servietten-Geschichte ein. Noch immer ist diese Faltkunst ein wohlgehütetes Geheimnis.

Doch wie verschieden auch immer diese praktisch-schönen Servietten beschaffen waren, Damast war zu fast allen Zeiten das bevorzugte Material für die Herstellung von „Handtüchern", wie die wörtliche deutsche Übersetzung des französischen Ursprungswortes lautet.

Heute nun gehören Servietten längst wie selbstverständlich auf jeden Tisch. Farblich passend abgestimmt unterstreichen sie die gesamte Tischdekoration in ganz eigener Weise. Und heute

gante Note erhält die Tafel, wenn weiße Spitzenbordüren sie schmücken.

In Anlehnung an alten Kinderglauben nimmt auch der Storch am Fest teil. Freund Adebar hat sich mit seiner ganzen Familie auf der Tafel niedergelassen und stelzt im Spielzeugformat zwischen Maiglöckchen und Gänseblümchen einher. Die kleinen Störche können Sie beim Floristen kaufen.

Süße Überraschungen

Entführen Sie Ihre Gäste in eine heile Kinderwelt – mit einer hübschen Dekorationsidee, die auf liebevolle Weise das Thema des Tages auf den Tisch bringt. Drapieren Sie auf jedem Teller die Servietten mit rosafarbenen und blauen Bändern, an denen kleine Tüllbeutel mit Glücksmandeln und Babypüppchen hängen (letztere sind aus Pappe gestanzt und im Schreibwarenhandel erhältlich). So wird jedes Gedeck für sich zu einer reizenden Ansichtssache.

Die süßen Überraschungen in den Tüllbeuteln heißen in ihrem Ursprungsland Frankreich Dragées. Die mit Zucker und Schokolade überzogenen Mandeln gelten dort als Glücksbringer und fehlen bei keiner Tauffeier. Die hellblauen und weißen Leckereien dienen freilich nicht nur zur Dekoration, sondern versüßen kleinen und großen Naschkatzen die Wartezeit bis zum Dessert. Auch großzügig über die Tafel gestreut, erfüllen sie beide Zwecke.

Zarter Tüllstoff eignet sich zum einen, um die Glücksmandeln einzuhüllen. Mit dem feinmaschigen Material können Sie zum anderen aber auch den Tisch festlich umrahmen. Tülltuffs in Rosa und Himmelblau sind zauberhafte Randerscheinungen auf der Tauftafel.

Kindheitsträume

Bei einer Familienfeier aus Anlaß der Taufe des jüngsten Sprosses werden oft Erinnerungen an die eigene Kindheit wach. Drehen Sie das Rad der Zeit bei der Gestaltung der Tisch- und Menuekarten deshalb ruhig zurück. Altmodische Motive – der Schreibwarenhandel hält da eine reiche Auswahl bereit – sind eine liebevolle Reminiszenz an eine vergangene Idylle.

Kindheitsträume dürfen Sie durchaus romantisch verklärt zum Klingen bringen. Die Taufe eines neuen Erdenbürgers ist hierzu der passende Rahmen. Als musikalische Untermalung der Familienfeier kommen Robert Schumanns „Album für die Jugend" oder seine „Kinderszenen" spielerisch leicht daher.

Taufe – Die Phantasie steht Pate

Der kleine Erdenbürger, um den sich an diesem wichtigen Tag in seinem noch jungen Leben alles dreht, bekommt von all dem meist am wenigsten mit. Um das Kind beim Namen zu nennen: Bei der Taufe steht der Nachwuchs zwar eindeutig im Mittelpunkt, das dazugehörige Fest ist aber doch eher eine Angelegenheit der Erwachsenen.

Die symbolische Taufhandlung, mit der ein Kind in die Gemeinde der Christen aufgenommen wird, leitet ihre Bezeichnung von „tief machen" beziehungsweise „eintauchen" ab. Die elementare Begegnung mit dem Wasser wird heute freilich nur noch angedeutet. Zum ersten Mal in seinem Leben darf sich ein kleiner Mensch bei dieser feierlichen Prozedur einen Namen machen. Seit dem frühen Mittelalter ist das christliche Sakrament mit der Vergabe des Vornamens verknüpft.

Neben dem kleinen Täufling sind natürlich die Paten Hauptpersonen der feierlichen Zeremonie. Ihre ursprüngliche Aufgabe, die christliche Erziehung des Taufkinds bis zur Firmung oder Konfirmation zu begleiten, haben die Paten heute teilweise verloren; die Zahl der Eltern, die die Entscheidung über die Zugehörigkeit zur christlichen Gemeinschaft ihrem Kind selbst überlassen wollen, nimmt zu.

Die weitere Pflicht der Paten, im Notfall an die Stelle der Eltern zu treten, stammt aus einer Zeit, die noch keine öffentliche Vorsorge kannte. Damals steckten Paten dem Taufkind üblicherweise einen goldenen Taler zwischen die Windeln. Heute nimmt man Taufgeschenke weniger für bare Münze. Da ist es schon eher ein kleiner Aktienfonds, der dem Patenkind den Start ins Leben erleichtern soll, vielleicht auch eine Ausbildungsversicherung oder eine gut angelegte Geldsumme, die dem neuen Erdenbürger zugute kommen wird, wenn er einmal den Kinderschuhen entwachsen ist.

Bei aller weitblickenden Fürsorge erfeuen sich die traditionellen Taufgeschenke immer noch großer Beliebtheit. Kleine Kostbarkeiten haben ihren Erinnerungswert noch nicht verloren, wenn das Taufkind von heute selbst einmal Pate steht. Schmucke Schätze rufen auch in vielen Jahren noch den ersten großen Tag ins Gedächtnis. Ein wertvolles silbernes Kinderbesteck schneidet als Patengeschenk hervorragend ab und gehört ebenso zu den traditionellen Geschenken wie ein Taufbecher aus dem gleichen Edelmetall.

Festlich und fröhlich soll es bei einer Taufe zugehen. Klein, aber fein präsentiert sich deshalb nicht nur die Hauptperson des Tages im traditionellen Taufkleid. Herausgeputzt wird auch die Tafel, bei deren Gestaltung die Phantasie Pate stehen darf.

Arrangement und Accessoires

Wenn Sie eine festliche Tischkreation für einen feierlichen Anlaß dieser Art aus der Taufe heben, dürfen Sie getrost in Klischees verfallen. In Blau getaucht wird die Dekoration, wenn es die Taufe eines Stammhalters zu feiern gilt, rosa leuchtend darf sich die Tafel präsentieren, wenn ein kleines Mädchen zum Nabel der familiären Welt geworden ist. Daneben erstrahlen Tischwäsche und Porzellan in frischem, duftigem Weiß.

Zarte Farben und frisches Ambiente

Zartes Rosa und liebliches Himmelblau können natürlich auch als sehr harmonisch miteinander korrespondierende Farbtöne gemeinsam die Raumwirkung bestimmen. Rosa-weiß und blau-weiß karierte Bänder sind Teil eines solchen verbindenden Tischschmucks.

Eine frische Note verleihen Sie dem festlichen Tisch mit einem hübschen Blumenarrangement, das sich farblich in den dekorativen Rahmen fügt. Das strahlende Weiß von Maiglöckchen kommt hier besonders hübsch zur Geltung. In Tontöpfe gepflanzt und mit Moos umlegt, tragen sie zur natürlichen Ausstrahlung des blumigen Bildes bei. Sträuße kleiner Gänseblümchen (Belli), an jedem Stuhl befestigt und über die Tafel verteilt, schmücken das Familienfest auf reizende Weise. Efeuranken ziehen sich über den Tisch und runden das Bild harmonisch ab. Treiben Sie die Tischinszenierung ruhig auf die Spitze: Eine ele-

Taufe

einer weißen, schlichten Damasttischdecke entfaltet hier ein samtiges Blumenmeer aus tiefroten Rosenblüten seine romantische Wirkung. Die losen Blütenblätter sollten dabei ruhig so üppig gestreut werden, daß der Eindruck eines dichten Blütenteppichs entsteht.

Rot wie die Liebe

Auch vor dem eigentlichen Tafelzubehör sollte der Farbenrausch nicht haltmachen. Der glückliche Toast auf eine gemeinsame Zukunft wird aus farblich passenden Kelchen mit romantisch-sinnlicher Ausstrahlung (Entwurf Salvador Dali für Daum, Paris) um so schöner.

Und auch sonst können Ihre verliebten Gäste in der Tat regelrecht rot sehen. Die schlichten Servietten reihen sich in den Farbreigen ein, der die gesamte Tafel einbezieht.

Kitsch und Kunst mit Charme

Damit dieser 14. Februar für Ihre Gäste mehr als nur irgendein Tag im Kalender bleibt, präsentieren Sie ihnen eine Valentinstafel mit allem Drum und Dran. Von schönstem Kitsch bis zu stilvoller Kunst darf alles das Auge erfreuen, Hauptsache, Sie zeigen dabei stets Herz für Ihre Gäste.

Ein charmanter Willkommensgruß ist ein süßer Liebesapfel (vom Jahrmarkt oder in Süßwarengeschäften), der, in Zuckerguß geschrieben, das Thema des Tages benennt. Für die Herzdame hält eine voll erblühte Rose eine kostbare Überraschung oder eine liebevolle Aufmerksamkeit bereit. Vielleicht möchte ihr Traummann hier jenen goldenen Ring verstecken, der den Valentinstag ein ganzes Leben lang zum Fest machen soll?

Des weiteren ist erlaubt, was Verliebten noch gefällt. Schöne, alte Glasherzen (beim Trödler oder Antiquitätenhändler), in denen sich das Kerzenlicht warm spiegelt, Herziges aus Marzipan und zarter Schokolade sind die richtigen Begleiter für ein ausgedehntes Liebesmahl.

Nicht immer trügt der Schein

Richtig zur Geltung kommt Ihre liebevolle Dekoration allerdings erst, wenn alles in ein stimmungsvolles Licht getaucht wird. Was eignet sich besser für ein solches Dinner for two als sanfter Kerzenschein, den ein schöner Glasleuchter verbreitet? Er erst läßt die Tischobjekte zum bildschönen Spiegel werden, der genau das richtige Licht für das romantische Ambiente schafft.

Untermalen Sie dieses intime Dinner mit stimmungsvoller Musik. Denn erst wenn der Himmel voller Geigen hängt oder romantisches Klavierspiel erklingt, schlagen die Herzen Ihrer Gäste vollends im gleichen Takt.

Valentinstag – Dinner for two

Ein richtiger Feiertag ist der Valentinstag zwar nicht, doch viele begehen ihn wie ein echtes Fest. Meist spielen dornige Angebinde dabei eine große Rolle, auch wenn es ansonsten eher herzlich zugeht. Und gleichwohl es ihn nur einmal im Jahr gibt, ist er für zwei Menschen selten eine Eintagsfliege.

So alt der ehrwürdige Patron und Namensvetter dieses beziehungsreichen Datums schon sein mag, so blutjung ist die heutige Bedeutung des 14. Februar hierzulande. War dieser zauberhafte Tag, an dem selbst sachliche Zeitgenossen zu glühenden Romantikern werden können, bei uns doch früher als echter Unglückstag in Verruf, den es unbeschadet zu überstehen galt.

Andere Länder, andere Sitten. In England, Belgien, Nordfrankreich, aber auch in Nordamerika weiß man schon lange, was man an diesem Tag hat. Doch war er selten die rechte Zeit, das Glück fürs Leben zu finden. Per Los bestimmen zum Beispiel die Briten jeweils ein Valentinspaar, bis eben am nächsten 14. Februar das Schicksal wiederum seinen Lauf nimmt. Daß bei dieser Liebeslotterie so mancher Spieler ein wenig am Glücksrad gedreht haben mag, steht auf einem anderen Blatt…

Ganz anders inzwischen in unseren Regionen. Wir haben diesen traditionsreichen Tag zwar erst recht spät für uns entdeckt, doch steigt seine Beliebtheit von Jahr zu Jahr an. Ein blühender Beweis für diese Entwicklung sind unzählige Blumensträuße, die am 14. Februar für viele Herzen sprechen.

Ein ungeschriebenes Gesetz scheint zu sein, daß die Königin des Blumenreiches auch an diesem Tag regiert. Mit dieser dornenreichen Schönen, am liebsten in Herzblutrot, bekannte man seiner Liebsten bereits in den vergangenen Jahrhunderten jenes verwirrende Gefühl, das unter dem Namen Liebe die Dichter und Denker oft über Jahre und Jahrzehnte hinweg beschäftigte.

Verständlich ist diese noch immer ungebrochene Faszination allemal, beflügelte die Liebe doch stets die Phantasie der Menschen und trieb auch im Märchen wahre Blüten. Man denke dabei nur an Dornröschen, das gefangen hinter einer wilden Rosenhecke auf seinen Märchenprinzen wartete.

Rosen, sie gelten uns nach wie vor als Symbol dieses großen Gefühls. Zierliche Moosröschen sind von zarter Schönheit, gelbe Teerosen wirken sehr elegant. Doch wenn Sie Ihr Gästepaar zu einem romantischen Dinner for two bitten, dann kommt nur eines in Frage: rote Rosen, in allen Schattierungen und Größen. So gerät die Valentinstafel zur herzlichen Szenerie für Verliebte.

Arrangement und Accessoires

Auch wenn Liebe angeblich blind machen soll, für einen schön gedeckten Tisch werden Ihre beiden Gäste sicherlich noch Augen haben, vor allem dann, wenn dieser sich als ein ausgefallenes Schmuckstück präsentiert. Alles, was das liebende Herz begehrt, kann sich auf dieser Tafel für zwei wiederfinden. Die Möglichkeiten einer stimmungsvollen Dekoration sind vielfältig, doch die alles beherrschende Farbe sollte die Farbe der Liebe sein: Leuchtendes Rot ist ein flammender Blickfang mit Symbolcharakter.

Insel für zwei

Schon auf den ersten Blick sollten Ihre Valentinsgäste erkennen, daß für sie eine romantische Insel fernab der restlichen Welt gezaubert wurde. Das Gefühl, um sich herum alles vergessen zu können, um nur füreinander dazusein, kann bei einem so individuellen Arrangement nicht ausbleiben.

Optisch können Sie Ihre Valentinstafel schon allein durch die Farbgebung wunderbar abgrenzen, die den gedeckten Tisch fast zu einem verträumten Chambre séparée werden läßt. Über

dabei die Farben von maßgeblicher Bedeutung. Ein fröhliches Fest in angenehmer Umgebung soll der Ehrentag sein; da zaubern freundliche Töne eine charmante Atmosphäre auf den Tisch. Schon die Tischwäsche in zartem Lachston oder heiterem Rosa trägt zum harmonischen Gesamtbild bei.

Betonen Sie auf dekorative Weise, wem der Ehrentag gilt. Bunte Bänder schmücken den Platz des Geburtstagskindes, Ranunkeln umkränzen sein Gedeck. Dies ist eine hübsche Idee, um nicht nur duch die Blume den Platz zu weisen, sondern auch einen besonderen Geburtstagsgruß zu überbringen. Ein kleiner Strauß am Ehrenplatz als Aufmerksamkeit des Hauses ist eine gewinnende Geste, die ihre Wirkung sicherlich nicht verfehlt.

Ein Berg von Geschenken

Zu jedem Geburtstag gehört das Auspacken von Geschenken, und besonders viel Spaß hat ein Geburtstagskind dabei, wenn Freunde und Verwandte einen richtigen Berg davon angehäuft haben. Verwandeln Sie die Geburtstagsrunde doch einmal in ein solches Gipfeltreffen, und stapeln Sie liebevoll Verpacktes zu einer Geschenkpyramide auf. Zehn oder zwanzig kleine Päckchen – in farblich abgestimmtem Papier und als Tüpfelchen auf dem i eine Kerze als symbolisches Lebenslicht – diese Geschenkpyramide ist nicht nur eine ausgefallene Idee, um ein Geburtstagskind mit kleinen, aber feinen Präsenten zu überraschen. Auch ohne Inhalt zieht diese Hoch-Stapelei als origineller Tischschmuck die Blicke auf sich.

Geburtstag ist Zahltag

Auch darauf können Sie zählen: Eine schöne Geste werden Ihre Gäste in den Holzzahlen sehen, die, mit Seidenpapier umwickelt, das Alter des Geburtstagskindes spielerisch verkünden. Dekorativ auf der Tafel verteilte Ziffern (im Spielwarenhandel sind diese erhältlich) können aber auch an Jahrestage erinnern oder an weitere Daten, die für die Hauptperson des Tages eine besondere Rolle spielen.

Einen herzlichen Gruß entbieten Sie Ihren Gästen mit einer süßen Idee, ohne die eine richtige Geburtstagstafel ihren Namen nicht verdient. Eine ganz persönlich dekorierte Schokoladentorte übermittelt charmante Glückwünsche. Mit Grün und Blüten unterlegt, ist die Traumtorte zunächst ein Augenschmaus, zum Verspeisen fast zu schade.

Geburtstag – Alle Jahre wieder

Es gibt Dinge im Leben, die sind keine Altersfrage. Ob erst acht oder schon achtzig, an einem Tag im Jahr wollen alle mal so richtig auspacken. Der Geburtstag ist das markanteste Datum im persönlichen Kalender und eine mit schöner Regelmäßigkeit wiederkehrende Gelegenheit, einen ganz individuellen Feiertag zu begehen.

Kinder sehnen den großen Tag ganz besonders herbei, und das nicht nur in Erwartung großzügiger Geschenke oder einer tollen Torte, markiert der Geburtstag doch von Jahr zu Jahr deutlicher das Entwachsen aus den Kinderschuhen und ist stolzer Beweis dafür, daß man endlich wieder etwas „größer" geworden ist. Das relativiert sich freilich im Laufe der Jahre, und manche Menschen, nicht zuletzt Prominente aus Showbusiness und Film, werden nicht einmal an ihrem Geburtstag älter…

Auch wenn es Leute gibt, die über Jahre 39 bleiben – so ein runder Geburtstag führt nicht nur vor Augen, daß nun ein neuer Lebensabschnitt beginnt, sondern ist auch ein willkommener Anlaß, ein schönes Fest zu feiern. Steht nun der 40. oder 50. Geburtstag im Kalender, die persönlichste aller Jubiläumsveranstaltungen animiert immer dazu, eine kleine Bilanz zu ziehen und gute Vorsätze für die kommende Dekade zu fassen, je nachdem, unter welchem Stern man geboren ist. So nimmt sich der eine vielleicht vor, jetzt den Stier bei den Hörnern zu packen, der Schütze zielt auf einen beruflichen Volltreffer ab, der Wassermann ist Feuer und Flamme für Neues, der Löwe entschließt sich möglicherweise, lammfromm, und die Waage, ausgeglichener zu werden.

Nicht für jedes Geburtstagskind werden freilich Salutschüsse abgefeuert wie Anno dazumal, wenn der Kaiser geruhte, das majestätische Wiegenfest angemessen zu begehen. Königlich freuen wird sich aber jeder, den Verwandte und Freunde an seinem Ehrentag hochleben lassen. Besonders natürlich dann, wenn Glückwünsche und Geschenke von einer hübschen Überraschung begleitet werden, zum Beispiel in Form eines liebevoll gedeckten Geburtstagstischs, an dem die Hauptperson des Tages nach der Gratulationscour Platz nehmen darf.

Ob nun ein Teenager seinen Eintritt in die Volljährigkeit feiert, ein Vierzigjähriger, glaubt man dem Volksmund, nun erst richtig gescheit oder man mit 60 Jahren (k)ein bißchen weise wird – eine schön gedeckte Tafel gehört zum Wiegenfest wie die Kerzen auf die Geburtstagtorte.

Arrangement und Accessoires

Lassen Sie das Geburtstagskind hochleben – mit einer liebevoll dekorierten Tafel, die zum Feiern einlädt und der Sympathie und Wertschätzung, die Ihre Gäste der Hauptperson entgegenbringen, sichtbaren Ausdruck verleiht.

Heitere Farben

Ein stimmungsvoller Rahmen ist die wichtigste Zutat für eine rundum gelungene Geburtstagsfeier. Für das passende Ambiente sind

Formschöne Keramikkrüge, mit Margeriten, Kräutern und Vergißmeinnicht verschwenderisch geschmückt, lassen Ihre Tafel zur Blumenwiese werden. Doch nicht nur Steingut eignet sich für ein ländliches Arrangement, auch Bastkörbe oder Behältnisse aus Stroh sind ein schmucker Rahmen für bäuerliche Blumensträuße.

Und warum sollten Milchkanne und Schmalztopf nicht auch einmal zu originellen Blumentöpfen werden?

Spaziergang auf dem Lande

Auch die ländliche Fauna darf beim Brunch-Buffet vertreten sein. Kleine Holzvögel, die wie zufällig von den frischen Erdbeeren picken, und farbenfrohe Schmetterlinge bringen Leben in die Runde und vervollständigen das Tisch-Idyll. Zierat wie dieser ist in Floristenfachgeschäften erhältlich. Doch auch sonst kann manches das zünftige Stilleben zieren, was abseits der großen Städte zu finden ist. Ein lustiger Strohhut mit buntem Band ist ein weiteres Steinchen in dem malerischen Mosaik.

Fröhliche Folklore

In ländlichen Gegenden und kleinen Dörfern geht es bekanntermaßen alles andere als anonym zu. Jeder kennt jeden beim Namen, und ein kleiner Plausch auf der Straße ist so selbstverständlich wie der sonntägliche Kirchgang.

Damit auch Ihre Gäste sich persönlich angesprochen fühlen, sind kleine Platzkarten eine schöne Geste, zumal wenn sie sich optisch in das Gesamtarrangement einfügen. Begrüßen Sie Ihre Gäste mit zierlichen Keramiktöpfchen, in denen tiefgrünes Moos ein kleines Namensschild hält. Auf der heimischen Fensterbank sind diese ein charmantes Souvenir.

Zu Wald und Wiese trifft ein zünftiger Ländler oder fröhliche Folklore den richtigen Ton. Und wenn Ihre Gäste bei einer Polka so richtig in Stimmung kommen, dann ist der bunte Brunch in der Tat zu einem Stelldichein der guten Laune geraten.

Brunch – Je später der Morgen

Er ist der jüngste und fröhlichste Sproß einer ausgesprochen herzhaften Verbindung. Gleichwohl er zwei wichtige Wesensmerkmale in sich vereinigt, ist er doch einzigartig und hat trotz seines noch recht jungen Alters schon viele Freunde gewonnen. Brunch, jene zünftige Brot-Zeit mit Biß, erfreut sich bei Frühaufstehern wie bei Langschläfern gleich großer Beliebtheit.

Kein Wunder, ist diese sympathische Mischung aus Lunch und Breakfast doch zu einer eigenständigen Mahlzeit mit individuellem Reiz avanciert. Brunch bringt Farbe in die ansonsten oftmals recht einseitige und trübe Frühstückslandschaft, die hierzulande häufig das morgendliche Bild beherrscht. Doch welche Mahlzeit hat mehr Einfluß auf unsere Tagesverfassung als das Frühstück? Man denke nur an das alte Sprichwort, das da rät, morgens wie ein Kaiser zu speisen. Grund genug also, dieses Essen tatsächlich zum königlichen Mahl werden zu lassen.

Die Briten haben für ihren Teil schon lange erkannt, daß auch frühmorgens Kräftiges und Deftiges schmeckt. Auch die Amerikaner haben dies zu ihrem Frühstücks-Credo gemacht. Kaum vorstellbar, daß in einem echt englischen Haushalt zum begehrten Breakfast nur Toast und Marmelade gereicht würden. Für ein ordentliches britisches Frühstück würde jeder Engländer sein Königreich geben.

Nun mag die Vorstellung von einem herzhaften Steak nicht jeden Zeitgenossen zu frühen Träumereien verleiten, denn für wen ist die Welt morgens um sieben schon in Ordnung?

Ganz anders, wenn die erste Mahlzeit des Tages zu einer Zeit stattfindet, zu der auch der letzte Morgenmuffel munter geworden ist. Brunch heißt das Zauberwort für all jene, die auf unkonventionelle und zwanglose Art gerne in gemütlicher Runde den Morgen bis in den Nachmittag ausdehnen. Ein echter Brunch ist Balsam für gestreßte Gemüter, lädt er doch zum geruhsamen Schlemmen ein. Besonderen Charme erhält die vormittägliche Runde, wenn Herzhaftes und Deftiges als bäuerliches Buffet Erinnerungen an erholsame Ausflüge aufs Land wachwerden läßt.

Laden Sie Ihre Gäste zu einer kulinarischen Fahrt ins Grüne ein, wo man in Cottage-Atmosphäre so richtig Urlaub vom städtischen Alltag machen kann. Der Tisch für eine solche Landpartie ist jedenfalls reich gedeckt: Von deftigem Schinken über bayrische Weißwürste bis hin zu warmem Leberkäse mit herzhaften Bratkartoffeln reicht die Palette eines echten Bauernschmauses.

Doch auch Leckermäuler und Rohkostfans sollten auf ihre Kosten kommen. Mit frisch gepreßtem Orangensaft, verschiedenen Sorten Müsli, mit einer reichen Konfitürenauswahl, saftigem Obst, frischer Milch und Sahne werden Sie auch deren Bedürfnissen gerecht.

Es gehört zu den schönsten Seiten des Brunch, daß Appetit und Phantasie keinerlei Grenzen gesetzt sind. Einzige Bedingung für diese meisterliche Mixtur: Man sollte den Tag schon vor dem Abend loben können…

Arrangement und Accessoires

Beim bäuerlichen Brunch darf es schon einmal hölzern und kleinkariert zugehen. Doch versteht es sich von selbst, daß dies nur für die Wahl der verwendeten Materialien gilt. Ansonsten ist das ländliche Stelldichein alles andere als eine steife Angelegenheit, sondern ein fröhlich-ausgelassenes Frühstücksfest.

Ländlicher Charme

Wie auf einem verträumten Landsitz geht es bei unserem Brunch-Buffet zu. Naturbelassene Tische, ein schlichter Untergrund für den zahlreichen Zierat, demonstrieren ländlichen Charme. Farbe kommt in die rustikale Szene durch rot-weiß karierte Servietten, die zusammen mit einer knusprigen Brezel ein liebenswerter Willkommensgruß für jeden Gast sind. Zum Blickfang wird ein stimmungsvolles Stilleben, das frische Erdbeeren und duftendes Brot romantisch präsentiert.

Wald und Wiese stehen Pate

Grün, wohin das Auge schaut. Sattes Grün und zarte Wiesenblumen betonen das ländlich-natürliche Flair. Frische Früchte und bunte Blumen geben sich ein apartes Stelldichein, wenn tiefrote Erdbeeren, wie frisch gepflückt, neben himmelblauem Vergißmeinnicht leuchten. Verströmen dekorative Gartenkräuter ihren unverwechselbaren Duft, dann ist die dörfliche Impression perfekt.

Brunch

War Glas früher ein unerschwingliches Luxusgut, das sich nur die Reichen und Mächtigen leisten konnten, so ist es heute jedem zugänglich, der seine grazile Feinheit und seine funkelnde Transparenz liebt. Auch als schlichter Gebrauchsgegenstand sind Gläser aus unserem Alltag nicht mehr wegzudenken. Einen wesentlichen Beitrag dazu leistete Otto Schott mit seiner Forschungsarbeit Ende des 19. Jahrhunderts, als das Glas quasi zum zweiten Mal erfunden wurde. Ihm gelang nach jahrelangen Versuchen, Glas von idealer Beschaffenheit zu schmelzen. Immer modernere Technologien machten Gläser schließlich preiswert und beschleunigten die Entwicklung zum Gebrauchsgegenstand.

An einigen glasklaren Kriterien kann sich orientieren, wer die Qualität von Gläsern beurteilen will. Eine hohe Oberflächenhärte steht für Kratz- und Stoßfestigkeit – kein unwesentlicher Aspekt im gastronomischen Alltag – und läßt das Glas klar klingen. Bei Tages- wie bei Kunstlicht sollte das Glas farbneutral und völlig schlierenfrei sein, damit die Farbe des Getränks unverfälscht zur Geltung kommen kann. Ein tiefer Schwerpunkt, der allzu leichtes Umkippen verhindert, läßt das Glas sicher stehen. Der Fuß von Trinkgläsern sollte eine möglichst glatte Unterseite haben, damit sich bei der Reinigung in der Spülmaschine keine Wassertümpel darin sammeln können.

Zeugt die Glasgarnitur vom kultivierten Stil des Hauses – bei besonderen Anlässen sollten Bleikristallgläser funkeln –, so unterstreicht die Wahl der richtigen Gläser zu den jeweiligen Getränken Ihre Kompetenz. Ob Sherry oder Champagner, Wein oder Whisky, für jedes Getränk gibt es ein entsprechendes, ganz speziell auf dessen individuellen Charakter zugeschnittenes Glas. Wird der Weißwein in kleineren Gläsern gut gekühlt serviert, so kann der Rotwein erst in einem Glas mit mehr Volumen sein volles Bouquet entfalten. Den Weißherbst oder Roséwein bringt ein Kelch mit ausgestelltem Rand am besten zur Geltung. Der wie eine Blüte nach außen geöffnete Kelch läßt das Getränk in breitem Strom auf die Zunge fließen. Duft und Geschmack des Weines werden auf diese Weise besonders betont. Gläser mit eingezogenem Mundrand dagegen, also mit einer relativ engen Öffnung, konzentrieren den Wein auf einen schmalen Strom. Dies fördert besonders bei trockenen und halbtrockenen Weinen die Wahrnehmung der fruchtigen Geschmacksanteile.

Ein typgerechtes Glas, das den spritzigen Charakter eines erlesenen Getränks unterstreicht, ist das Sekt- oder Champagnerglas. Der außergewöhnlichen Form entspricht das elegante Naturell des prickelnden Getränks. Der feine Charakter eines klassischen Aperitifs, des Sherry, läßt sich – gut gekühlt – am besten in dem speziell für ihn entworfenen Glas, der tulpenförmigen „copita", erleben.

Exkurs: Gläser

In der täglichen Umgebung des Menschen gibt es kaum Dinge, die mit ähnlicher Intensität wahrgenommen werden wie Gläser. Auf die Farben- und Formensprache des Glases reagieren unsere Sinne mit besonderer Sensibilität. Mit einem kleinen Experiment läßt sich mühelos nachweisen, daß die subjektive Wahrnehmung unserem Geschmacksempfinden einen Streich spielen kann: Ein dickwandiges Trinkgefäß wird den gleichen Wein immer völlig anders zur Geltung kommen lassen als ein elegantes, feingeschliffenes Glas; im farbigen Glas entfaltet er andere Geschmacksnuancen als im kristallklaren, im großen Glas erleben wir scheinbar einen anderen Wein als im kleinen. Auf sehr vielfältige Weise beeinflußt die Form die Wahrnehmung des Menschen gerade bei Glas, einem Material, das zu den ältesten und faszinierendsten künstlichen Werkstoffen zählt.

Seine Geschichte reicht Jahrtausende zurück. Wann genau zum ersten Mal aus den Grundsubstanzen Sand, Kalk und Soda Glas geschmolzen wurde, weiß kein Historiker zu sagen. Die ältesten Funde stammen aus der zu Ende gehenden Steinzeit, etwa aus dem Jahr 7000 v. Chr. Die Wiege der Glasherstellung stand in den Ländern des Vorderen Orients, in Ägypten und Mesopotamien. Unabhängig davon entstand Glas auch in Griechenland, China und im Norden Tirols. Auf einem Keilschrifttext aus der Tontafelbibliothek des assyrischen Königs Ashurbanipal aus dem 7. Jahrhundert v. Chr. hat ein Glasmacher eine Rezeptur für die Nachwelt festgehalten, die – freilich in etwas weniger groben Mengenverhältnissen – alle wesentlichen Rohstoffe enthält, die auch heute noch verwendet werden: „Nimm 60 Teile Sand, 180 Teile Asche aus Meerespflanzen, fünf Teile Kreide und du erhältst Glas."

Der entscheidende Durchbruch gelang syrischen Handwerkern um 200 v. Chr. mit der Entwicklung der Glasmacherpfeife. Mit dem 100 bis 150 Zentimeter langen Eisenrohr holte der Glasmacher flüssiges Glas aus der Schmelze, um es zu einem Hohlkörper aufzublasen. Trotz allen technischen Fortschritts ist die Glasmacherpfeife heute noch unverzichtbares Handwerkszeug in der Glasfertigung.

Die Prunksucht der römischen Kaiser gab der Herstellung von Glas weiteren Auftrieb. Seine Qualität verfeinerte sich zum ästhetischen Luxusgut; noch erhaltene Gläser mit Filigran-, Mosaik- und Schliffdekor zeugen vom Pomp der Caesaren. Die römische Glaskunst entwickelte sich in den zahlreichen Glashütten weiter, die in den folgenden Jahrhunderten in ganz Europa entstanden.

Zum Mittelpunkt der abendländischen Glasfertigung aber wuchs Venedig heran. Auf der Insel Murano in der Lagune der alten Handelsmetropole erreichte die venezianische Glasmacherkunst ihren Gipfel. Und eifersüchtig wachte Venedig darüber, daß die Rezepte unter Verschluß blieben. Den Glasmachern von Murano drohte sogar der Galgen, wenn sie die Geheimnisse der Herstellung preisgaben.

betonen den zurückhaltend-eleganten Charakter, der besonders zu offiziellen Feiern paßt. Mehr der barocken Ausstrahlung verleihen Sie Ihrer Galatafel, wenn die Überdecke aus leuchtendem Kardinalrot über schwarzem Untergrund für prächtige Effekte sorgt.

Der schöne Schein

Eine zugleich stimmungsvolle und festliche Atmosphäre verbreitet das strahlende Licht vieler Kerzen. Illuminieren Sie Ihren Empfang durch den schönen Schein, und geben Sie so ein leuchtendes Beispiel perfekter Gastlichkeit.

Im Mittelpunkt der Dekoration stehen Kerzen in den verschiedensten Größen. Farblich stets passend auf das Tafeltuch abgestimmt, erscheinen sie als helle Glanzlichter in einem festlichen Ensemble.

Eine glasklare Sache

Das Wichtigste bei einem Empfang, gleich zu welchem Anlaß, ist der kleine Aperitif vornweg. Das Angebot ist reichhaltig: Sekt oder Champagner, trockener Weißwein, erfrischende Cocktails oder ein ländlicher Kir. Was auch immer Sie Ihren Gästen anbieten, handlich und zugleich effektvoll ist eine Gläserparade rund um die Galatafel. Unterstrichen wird die gläserne Schönheit noch durch viele tiefgrüne Blätter, die einen natürlichen und originellen Untergrund für die Tischdekoration bilden.

Kleines und Feines

Neben dem Aperitif liegen Sie mit kleinen, aber feinen Appetithäppchen genau richtig. Kalte Köstlichkeiten, feine Fischvorspeisen und auch süße Schlemmereien runden die Empfangsrunde kulinarisch ab. Hübsch dekoriert auf einer edlen Etagere aus glänzendem Messing, kommen die leichten Leckereien doppelt gut zur Geltung.

Klassik mit Klasse

Neben der zentralen Tafel sind zusätzliche Highlights eine glänzende Idee. Ein im Hintergrund arrangierter Blumenstrauß, ganz

klassisch und repräsentativ, ist ein belebender Blickfang. Am wirkungsvollsten ist auch dieser in farblicher Harmonie mit der Tafel.

Zwischen den Reden oder Festansprachen rundet die passende musikalische Untermalung den festlichen Rahmen ab. Barocke Klänge bieten sich bei einer üppigen Dekoration spielerisch an. Feierlich und festlich stimmt Klassisches ein: Beethovens bekannte „Ode an die Freude" ist eine erhabene Begleitung herausragender Anlässe und großer Feste.

Galaempfang – Nur vom Feinsten

Man braucht schon ein wenig Stehvermögen. Gleichwohl er selten in der Frühe stattfindet, ist es doch nie zu spät für ihn. Ob in offiziellem oder originellem Rahmen, man ist stets fein heraus mit einem Galaempfang, der besten Gelegenheit für charmante Plaudereien und geschäftliche Gespräche.

Nicht erst in unseren Tagen hat man die Vorzüge und Möglichkeiten dieser gesellschaftlichen Form entdeckt. Wahre Hochkonjunktur erlebten groß inszenierte Empfänge und gesellige Stelldichein in der Zeit des Rokoko. In seidenen Boudoirs, reich

dekoriert und prächtig anzusehen, oder in intimen Räumlichkeiten, nicht minder verschwenderisch ausgestattet, wurden pikante Ondits ebenso zum unterhaltsamen Gesprächsgegenstand wie die neuesten Nachrichten aus der Finanz- und Geschäftswelt.

Doch nicht nur in den Salons und Séparées, wo „noblesse oblige" mehr als eine hübsche Wortspielerei war, liebte man pompöse Empfänge zu den unterschiedlichsten Anlässen. Schließlich ließ sich mit diesen Gesellschaftstreffen auch Staat machen, und das im wahrsten Sinn des Wortes.

Kaum eine Nation, die ihre offiziellen Gäste und Besucher ohne einen derartigen, groß angelegten Empfang wieder entlassen hätte. Wie könnte man auch besser einen formellen Staatsakt mit einer zwanglosen Konversationsrunde vereinen?

Auch wenn die gesellschaftliche Kultur gerade in den letzten Jahrzehnten einige Höhen und Tiefen zu verzeichnen hatte, blieb die bewährte Form des gepflegten Empfangs doch unberührt von diesen Turbulenzen. Und das zu vollem Recht, denn kaum eine festliche Veranstaltungsform bietet so viele Möglichkeiten und Spielraum für die Ausgestaltung wie ein Galaempfang. Ob er nun als stilvolle Einstimmung vor einem meisterhaften Menue steht oder als eigenes Bankett ein formidables Forum für Gesellschaft und Geschäftswelt bietet, chic in Schale ist er immer eine feine Sache.

Weiß man die Spielarten des Empfangs gezielt einzusetzen, so wird er zum passenden Begleiter für fast jede Gelegenheit. Erwarten Sie zum Beispiel viele Festgäste zu einer großen Hochzeits- oder auch Jubiläumsfeier, dann bietet ein separater Raum mit einem edel arrangierten Gläsertisch eine hervorragende Möglichkeit, in stilvoller Runde in Ruhe zu plaudern, bis alle Gäste sich zum großen Festmahl eingefunden haben. Doch auch für sich allein genommen, herrscht an passenden Anlässen wahrhaftig kein Mangel. Eine offizielle Ehrung, ein hochkarätiger Pressetermin oder auch eine stilvoll gefeierte Geschäftseröffnung sind garantiert der richtige Anlaß für einen Galaempfang, bei dem für Sie und Ihre Gäste alles nur vom Feinsten sein soll.

Arrangement und Accessoires

Auf die richtige Verpackung kommt es an. Was Gottfried Keller schon 1874 mit „Kleider machen Leute" treffend erkannte, gilt heute nicht weniger als damals und läßt sich auf alle Lebensbereiche übertragen. Da auch das Auge bekanntlich mitißt, sind nicht nur Ihre Gäste in Schale geworfen fein heraus, auch Ihrer Tafel steht eine buchstäbliche Verkleidung ausgezeichnet. Schließlich ist der Tisch in all seiner Pracht das Zentrum der Geselligkeit, auch bei einem Galaempfang. Ein guter Grund, ihn für diesen Tag ganz groß herauszuputzen.

Barocke Zeiten

Für ein solches Arrangement dürfen ruhig einmal barocke Zeiten Pate stehen. Ein üppig drapiertes Tafeltuch aus glänzendem Satin oder Moiré, über ein passendes, nicht weniger edles Untertuch dekoriert, sorgt für ein festliches Ambiente, ohne der funkelnden Gläserparade die schöne Schau zu stehlen. Gedeckte Töne, mattes Silber oder Anthrazit, kombiniert mit einem Messington,

Galaempfang

demselben können Sie phantasievolle Kunstwerke zurechtbiegen. Auch ein feines Netzwerk aus Metallgaze wirkt durchaus bestrickend. Mit Kupfergaze beispielsweise, die Sie im Eisenwarenhandel erhalten, sind hier kleine Lorbeerbäume verpackt, die als Symbol für Ruhm und Erfolg auf der Jubiläumstafel natürlich nicht fehlen dürfen.

Zum Serviettenring ist das Material auch geeignet. Eisenspäne sind hier zu passenden Tischkartenhaltern umfunktioniert.

Cooles Ambiente

Der metallische Look setzt sich konsequent in der gesamten Tischdekoration fort. Ein Porzellangedeck in kupferrotem Farbton paßt sich dem coolen Ambiente hervorragend an. Glanzlichter setzt ein kostbarer Leuchter aus edlem Metall der Tafel auf. Elegante Blumen – langstielige, weißblühende Lilien empfehlen sich besonders – betonen die festliche Stimmung.

In den Annalen geblättert

Vielleicht stellt Ihnen das Unternehmen die Büste des Firmengründers zur Verfügung? Ein Bild von der langen Tradition des Unternehmens können sich die Gäste aber auch machen, wenn ein Gemälde des Ahnherrn den Festsaal schmückt. Ein Leitsatz des Unternehmers kann, das Firmensignet sollte die Menuekarte zieren. Metallisch glänzendes Papier bietet sich hier an.

Mit einem Tischobjekt aus Metall, das Sie als Leihgabe einer Kunsthandlung oder eines Ateliers erhalten können, läßt sich die Jubiläumstafel kunstvoll bestücken. Es schmückt nicht nur die Tafel, sondern dokumentiert darüber hinaus die Vielseitigkeit des Materials auf sehr anschauliche Weise.

Wenn Sie ein wenig in den Annalen blättern, läßt sich die Geschichte eines Unternehmens auch mit Dokumenten und Fotografien aus den Gründerjahren oder zu den Meilensteinen seiner Entwicklung hervorragend illustrieren. Zu einer kleinen Retrospektive zusammengestellt, liefern die Exponate interessante Informationen zum Werdegang der Firma, verdeutlichen ihren Stellenwert und bilden den würdigen Rahmen des Jubiläums. Auch an markante Ereignisse in der kleinen Stadt- oder der großen Weltpolitik, die sich im Jahr der Firmengründung zugetragen haben, können Sie dabei am Rande erinnern.

Checkliste zur Veranstaltungsorganisation

Auftrag

- Auftraggeber: Adresse, Ansprechpartner, Rechnungsanschrift
- Art der Veranstaltung, Anlaß, Thema
- Veranstaltungsraum
- Datum, Uhrzeit und Dauer der Veranstaltung
- Etat (Speisen und Getränke, Blumenschmuck, Dekoration, Raummiete etc.)
- Anzahl der Personen
- Tischform / Sitzordnung

Ablauf

- Empfang / Ansprache (technische Voraussetzungen)
- Beginn / Dauer des Essens / Speisen- und Getränkefolge
- Tischreden / Vorträge / Sonstiges

Intern

- Festlegung des Menues und der Getränke
- Anzahl des Personals
- Checkliste für „Tischinszenierung": Tischwäsche, Dekorationselemente, Blumen, Porzellan, Glas, Besteck, Tisch- bzw. Menuekarten
- musikalische Untermalung
- Technik (Lüftung, Beleuchtung, bei Bedarf Rednerpult, Mikrofon, Leinwand etc.)
- Garderobe

Firmenjubiläum Metallbranche – Ein betriebsames Fest

Das edelste der Metalle, Gold, gehört zu den wertvollsten Schätzen, die unser Erdboden liefert. Seit Jahrtausenden verleiht es gekrönten Häuptern Glanz, von den frühesten Tagen der Menschheitsgeschichte an diente es als Material für die Herstellung von kostbarem Schmuck. Vor 500 Jahren war das Gold eine der Triebfedern für die Entdeckungsreisen des Kolumbus, im 19. Jahrhundert löste es in Kalifornien, Alaska, Australien und Südafrika ein wahres Fieber aus, und heute gilt es noch immer als eine der wichtigsten Grundlagen der Währungsordnung.

Schon die alten Ägypter gewannen Gold aus dem Blauen Nil und gruben in tiefen Stollen nach dem Stoff, aus dem heute noch die kostbarsten Träume sind. Später beuteten die Römer die riesigen Goldminen in Spanien aus, im Mittelalter schließlich waren die Sudeten-, Karpaten- und Alpenländer Zentren der Goldgewinnung. Zu allen Zeiten hat das exquisite Edelmetall die Menschen fasziniert.

Seine Eigenschaften sind unvergleichlich: Gold läßt sich bis zu einem Zehntausendstel Millimeter Dicke auswalzen; aus nur einem Gramm kann ein Faden von nicht weniger als 35 Kilometern Länge gezogen werden.

Nicht erst seit Friedrich Hebbels geflügeltem Wort weiß man, „es ist nicht alles Gold, was glänzt." Denn der typische Glanz ist auch allen anderen Metallen eigen.

Mit leuchtendem Beispiel geht ein weiteres Edelmetall voran, das schon seit Jahrtausenden bei der Herstellung von Münzen, Schmuck und Tafelgeschirr in Gebrauch ist. Heute wird Silber auch für chirurgische und wissenschaftliche Instrumente sowie in der Elektrotechnik verwendet.

Auf vielfältige Weise sind die verschiedensten Metalle zu Bestandteilen unseres täglichen Lebens geworden. Platin macht nicht nur als Schmuck eine glänzende Figur, sondern leistet auch in der komplizierten Technik vieler Gebrauchsgegenstände wertvolle Dienste. Bei der Verwendung von Kupfer schließlich ist nicht nur die Industrie auf Draht; das nach Gold und Silber am längsten bekannte Metall spielt als kupfernes Geschirr traditionell eine Rolle in der Küche und ist nicht zuletzt ein wichtiges Arbeitsmaterial für Künstler. Ohne Eisen im Feuer ist die moderne Stahlindustrie nicht denkbar. Bleischwer wiegt heute noch die Bedeutung jenes Metalls, das die Erfindung des Buchdrucks begleitete. Fast kein Zweig der Industrie, der Wissenschaft oder des Handwerks, der sich nicht des erst seit rund 200 Jahren bekannten Aluminiums bediente.

Edles Metall hat natürlich auch seinen festen Platz in der Gastronomie, als erlesenes Tafelgeschirr und Eßbesteck aus feinem Silber. Kostbares Tafelsilber zeugt nicht nur von gutem Geschmack, sondern verleiht Tischdekorationen auch einen besonders festlichen Charakter.

Am Beispiel der vielseitigen Metallindustrie wollen wir Ihnen zeigen, wie glanzvoll sich ein Firmenjubiläum präsentieren kann.

Arrangement und Accessoires

Wenn sich eine Firmengründung zum 25. oder 50., vielleicht zum 100. Mal jährt, will sich das Unternehmen bei seiner Jubiläumsfeier natürlich entsprechend darstellen. Bei der Gestaltung der Dekoration sollte sich der Gastronom darauf einstellen und einen dem Ereignis angemessenen und auf den jeweiligen Wirtschaftszweig abgestimmten Tischschmuck wählen. Schon an kleinen, sorgfältig zusammengestellten Details läßt sich das Interesse des gastronomischen Betriebs erkennen, auch mit seiner Tischkreation auf die Wünsche und Bedürfnisse des Auftraggebers einzugehen. Bei unserem Vorschlag ist es ein Unternehmen aus dem Bereich der metallverarbeitenden Industrie, das einen Jahrestag begeht; es versteht sich von selbst, daß unsere Anregungen sich mühelos auf alle anderen Branchen übertragen lassen.

Altes Eisen neu entdeckt

Metall ist der Werkstoff, um den sich hier alles dreht. Was läge also näher, als ein festliches Essen ganz im Metallic-Look zu inszenieren? Mit einer phantasiereichen Dekoration, die den Bezug zur Metallbranche variantenreich herstellt, lassen sich glanzvolle Akzente setzen.

Praktizieren Sie Recycling ganz besondrer Art: Was in einer Dreherei oder in einem eisenverarbeitenden Betrieb gewöhnlich als unbrauchbar unter den Tisch fällt, darf bei Ihrer Kreation durchaus auf denselben. Eine Girlande aus Aluminium oder Eisen poliert die Tafel auf originelle Weise auf.

Sie haben durchaus noch andere Eisen im Feuer, um die Tafel metallisch zu präsentieren. Seien Sie auf Draht, denn mit

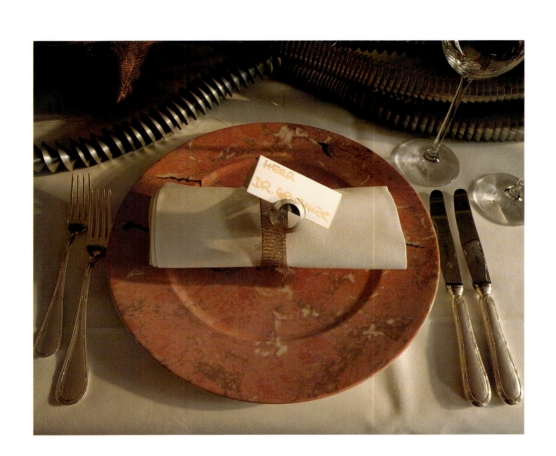

Firmenjubiläum

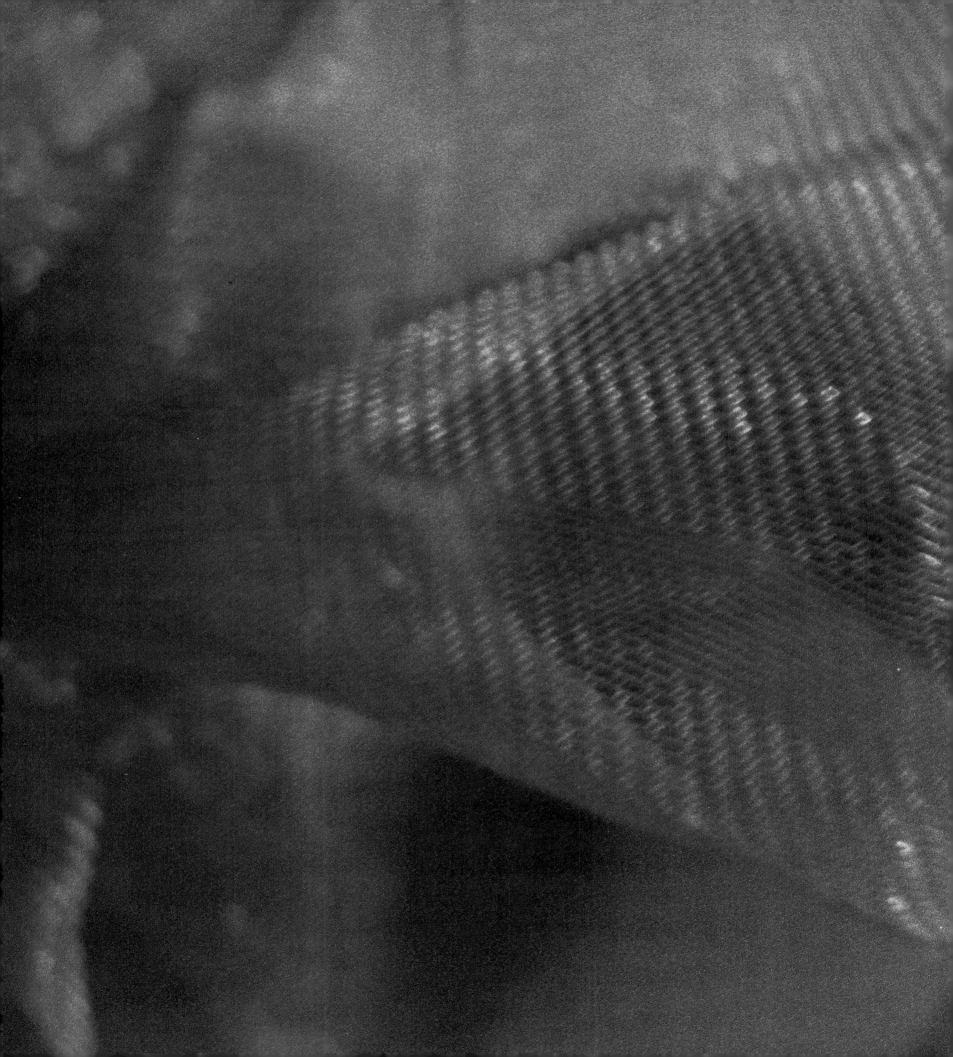

Schlicht und schön heißt hier das Rezept, mit dem Sie den Geschmack der Reiterrunde treffen. Voll erblühte Geranien in kräftigen Tönen, von einem Zaun aus zierlichen Möhren umgeben, setzen augenzwinkernd Akzente. Den dekorativen Parcours können Sie auf Bestellung in Floristen-Fachgeschäften arrangieren lassen.

Dekorative Möhrenparade

Da Porzellan und Gläser betont Zurückhaltung üben, darf man bei der übrigen Dekoration ruhig ein wenig die Zügel schießen lassen und weit ins Feld voranpreschen. Auch hier gilt: Erlaubt ist, was den reitenden Gästen und Ihnen selbst gefällt. Versüßen Sie die Runde beziehungsreich mit vielen kleinen Zuckerwürfeln, die großzügig über den Tisch verteilt werden.

Doch neben diesen süßen Vorlieben gilt das Herz der Pferde natürlich auch jungem Gemüse. Kleine Möhrenbündel, mit einfachem Band umwickelt, sind nicht nur als außergewöhnliche Tischobjekte ein hübscher Blickfang, sondern auch als knackiger Serviettenring. Vollends können sie die Möhrenparade abrunden, wenn sich dieses zarte Gemüse auch in der Menuefolge wiederfindet.

Kein Wettkampf ohne stolzen Sieger. Wenn Ihr Tisch gut im Rennen liegen soll, dann überraschen Sie Ihre Gäste mit typisch reiterlichem Zubehör. Farblich passende Turnierschleifen gereichen nicht nur dem Sieger zur Ehre, sondern schmücken auch Ihre Tafel und sichern Ihnen bei Ihren Gästen den ersten Platz.

Stimmiges Ambiente

Wenn Sie bei der Wahl Ihres Services auf schlichte Eleganz in Weiß setzen, darf die Tafel großzügig mit hübschen Farbtupfern ausgestattet werden. Dies gilt auch für die Speisekarte, hier im Rot der Schleifen und kontrastreich mit Glückszucker verziert.

Eine originelle Variante besteht auch darin, die Tafel in den jeweiligen Vereinsfarben abzustimmen. Hauptsache, ein einheitliches Grundkonzept sorgt für die Harmonie des gesamten Ensembles.

Was wäre eine Reiterrunde ohne Pferd? Damit Ihre Gäste auch beim geselligen Beisammensein nicht auf ihre edlen Freunde verzichten müssen, werden diese durch Skulpturen (in Galerien, Kunstfachgeschäften oder Antiquitätenläden erhältlich) stil- und würdevoll vertreten.

Den musikalischen Rahmen kann Country-Western-Musik, die das Bild der weiten Steppe vor dem inneren Auge auftauchen läßt, bilden. Ein wenig sentimentaler geht es mit Melodien aus den unsterblichen Italo-Western von Sergio Leone zu.

Reitverein – Aufs richtige Pferd gesetzt

Das Reiten ist ein Sport voller Hindernisse und für zügellose Menschen gar nicht geeignet. Aber auch wenn einem hin und wieder schon einmal der Gaul durchgeht, ist man dennoch stets eine Pferdelänge voraus. Was den einen schlicht eine sportliche Disziplin unter vielen anderen ist, ist den anderen das höchste Glück der Erde.

Kaum ein anderer Vierbeiner hat in der Menschheitsgeschichte so von sich reden gemacht, wie diese stolze Gattung. Sie war nicht nur treuer Freund der Sterblichen, sondern auch Lieblingskind der Götter. Die griechische Mythologie ist voll von hehren Rössern, deren überirdische Schönheit die Phantasie beflügelte und Raum für kühne Träume bot. Man denke hierbei nur an das göttliche Pferd Pegasus, das als „Musenroß" den Dichter gen Himmel tragen sollte.

Was wir heute als selbstverständlich annehmen, nämlich hoch zu Roß durch Wald und Wiesen zu galoppieren, war nicht zu allen Zeiten praktikabel. Waren doch vor rund 60 Millionen Jahren unsere imposant gebauten Freunde nicht größer als ein Fuchs oder Hase. So streiften sie zu längst vergangenen Zeiten durch die Steppen Amerikas. Aus den kleinen Waldbewohnern, die sich von Laub genügsam ernährten, wurden ungestüme Wildpferde, die in offenen Landschaften zu Hause waren.

Etwa Ende des dritten Jahrhunderts vor Christus wurden in Sibirien und Zentralasien den ungebändigten Wilden erstmals Zügel angelegt. Von dem neapolitanischen Edelmann Frederico Grisone kamen Ende des 16. Jahrhunderts entscheidende Impulse für die Schulreiterei, und etwas später begründete sich die Tradition der Spanischen Hofreitschule, der Reiter aller Länder bis in unsere Tage aufs engste verbunden sind.

Doch auch wenn nicht in jedem Stall edle Lipizzaner stehen, geht es bei richtigen Reitern nach wie vor gespornt und gestriegelt zu, und das im wahrsten Sinn des Wortes. Denn vor allem bei großen Turnieren und wichtigen Dressurprüfungen legen sich die Reitersleute mit ihren stolzen Rössern mächtig ins Zaumzeug. Auf das richtige Pferd zu setzen, ist dabei das eine, die Liebe zu diesem schönen Sport mit Freunden und Gleichgesinnten zu teilen, ist das andere. Denn auch der verdienteste Turniersieg ist ohne eine zünftige Feier danach nur die halbe Miete.

Ob das Vereinsjubiläum begangen werden oder ein stolzer Sieger gefeiert werden soll, ob nun einfach wieder einmal alle Vereinsmitglieder zusammenkommen wollen – bitten Sie Ihre Gäste zu einer prächtigen Reiterrunde, bei der die hohe Schule der Dekoration ihr Können zeigt. Und je origineller und individueller Ihre reiterliche Tafel sich präsentiert, desto sicherer können Sie sein, daß Sie mit Ihrem Arrangement fest im Sattel sitzen.

Nicht nur Reiter haben Grund zum Feiern, auch der Gewinn von Satz und Spiel zum Sieg im weißen Sport ist Anlaß genug, einmal zum Tischtennis ganz besonderer Art zu bitten. Denn ob Ihre Gäste nun als Golfer ihr Glück auf der grünen Wiese versuchen oder sich beim Rudern mächtig am Riemen reißen, die passenden Tischvariationen sind so vielfältig wie die Welt des Sports, die Themen so zahlreich wie die Vereine selbst.

Arrangement und Accessoires

„Ein Königreich für ein Pferd!" – Was Shakespeare einst Richard III. in den Mund legte, ist für passionierte Reiter niemals bloßes Lippenbekenntnis. Ein echter Pferdefreund umgibt sich am liebsten ständig mit Stallgeruch. Grund genug also, bei der Ausrichtung der Reitertafel eine vertraute Umgebung vor den Augen der Runde entstehen zu lassen.

Phantasievoller Parcours

Lassen Sie Ihre Gäste bei Tisch ruhig einmal eine Hürde nehmen. Ein fröhlicher, phantasievoll arrangierter Parcours in der Tafelmitte knüpft an spannende Turniere und aufregende Siege an. Damit das aparte Hindernis zu einer echten Augenweide gerät, darf die natürliche Ausstrahlung leuchtender Blüten in dem gesamten Ensemble nicht fehlen.

Reitverein

Gipfel dieser Spielzeugwelt: Ein waghalsiger Skiläufer setzt gerade zur tollkühnen Abfahrt von der Spitze eines Zuckerhuts an.

Die Miniaturfiguren, die mit Sekundenkleber auf der Spiegelfläche fixiert werden können, sind in Spielzeug- oder Bastelgeschäften erhältlich. Dort gibt es natürlich auch jede Menge anderer Kleinigkeiten, die gut ins winterliche Idyll passen. Die Mini-Szenerie dient ansonsten den Freunden der Modelleisenbahn zur Ausstattung ihrer Anlage. Auch Fachgeschäfte dieser Art sind eine gute Adresse, um der Winterlandschaft mit liebevoll arrangierten Details aus der Liliputwelt den letzten Pfiff zu geben.

Aus einem (Zucker-) Guß präsentiert sich das Tafelbild auch mit einer süßen Schneemann-Gruppe, die behäbig zwischen den Spielzeugbäumen hockt.

Besonderer Zauber der Stillen Nacht

Wenn die Natur ihr winterliches Gewand überzieht, strecken die Bäume ihre kahlen Äste gen Himmel. Den spröden Charme dieser typischen Winterstimmung holen Sie sich mit einigen Zweigen, mit weißer Farbe dekorativ besprüht, an den Tisch. Ein Arrangement aus weiß und blau blühenden Winterblumen frischt die Tafel auf und harmoniert farblich mit Ihrer Dekoration. So läßt sich der Zauber der Natur zu dieser Jahreszeit auch ohne Eisblumen an den Fenstern mühelos einfangen.

Wenn Sie Ihre Gäste kulinarisch auf den Winter einstimmen wollen, darf die Dekoration gerade in der Vorweihnachtszeit auch einen festlichen Charakter bekommen. Sehr fein wirken silberne Platzteller und ebenfalls silberne Serviettenringe, die Namenskarten tragen.

Die winterliche Tischinszenierung läßt sich ohne großen Aufwand umsetzen und paßt zu vielerlei Anlässen im Advent oder als festlich-originelle Idee für Tafelfreuden am Weihnachtsabend. Wenn Sie der Stillen Nacht einen ganz besonderen Zauber verleihen wollen, lassen Sie auf dem Tisch verstreute Sterne blinken, garnieren Sie Ihre Tafel mit einer Tannengirlande – Zweige von Blautanne, Arizona-Zypresse, Latschen- und Seidenkiefer in ihren unterschiedlichen Grüntönen sind schön zu kombinieren – oder lassen Sie Christbaumkugeln und Glasmurmeln, mit Silber besprüht, um die Wette glitzern.

Dem festlichen Anlaß entsprechend empfiehlt sich zur musikalischen Untermalung Klassisches: Peter Tschaikowskys „Nußknackersuite" versetzt Ihre Gäste in weihnachtliche Stimmung, auch Orgelwerke von Johann Sebastian Bach unterstreichen die festliche Atmosphäre. Weniger getragen, darum aber nicht minder angemessen ist der reiche Schatz englischsprachiger Weihnachtslieder aus jüngerer Vergangenheit von „Jingle Bells" bis zu Bing Crosbys „Dreaming of a White Christmas".

Winter – Nicht die kalte Schulter zeigen

Wenn er überraschend hereinschneit, läßt er keinen kalt. Man wird aufs Glatteis geführt und freut sich wie ein Schneekönig, wenn man endlich wieder auf jene Bretter steigen kann, die für manche Zeitgenossen die Welt bedeuten. Auch wenn er uns manchmal sein grimmiges Gesicht zeigt und wir seinetwegen kalte Füße bekommen, ist der Winter eine zauberhafte Jahreszeit, die uns an den heimischen Ofen lockt, wenn draußen Frau Holle ihre himmlischen Kissen ausschüttelt. Und bei Glühweinduft und Kerzenschimmer wärmen wir uns Seele und Gemüt.

Wenn sich Feld und Wald über Nacht in eine weiße Märchenlandschaft verwandeln, Bäume und Sträucher so aussehen, als habe man Puderzucker auf ihre Zweige gestreut, und den Häusern dicke Schneemützen aufgestülpt worden sind, dann läßt Väterchen Frost seinen ganzen Charme spielen. Seine Künstlernatur läßt phantastische Schöpfungen entstehen; an die Fenster malt er filigrane Eisblumen, bizarre Eiszapfen zieren seinen Wintergarten.

Auch die Menschen inspiriert der Winter zu künstlerischen Werken. Wohlbeleibte Schneemänner mit kugelrunden Bäuchen, Rübennasen und schwarzen Zylindern trotzen der Wintersonne, bis sie beim nächsten Tauwetter doch vor Kummer vergehen. Blinken die Schneekristalle in der frostig-klaren Luft, dann gibt es nichts Schöneres als einen Spaziergang durch die zum Wintermärchen gewordene Landschaft.

Süße Überraschungen verbergen sich in diesen Wochen nicht nur hinter den Türen des Adventskalenders. Der würzige Duft von Christstollen, Zimtsternen und Vanillekipferln zieht durch das ganze Haus, sobald die erste Kerze des Adventskranzes brennt. Dann wird der Tannenbaum festlich geschmückt und die Kerzen entzündet. Und wenn der Weihnachtsmann am 24. Dezember seine Rentiere vor den mit Geschenken bepackten Schlitten spannt, kommen viele Familien zusammen und feiern ein besinnlich-fröhliches Fest.

Sie brauchen nicht den Nikolaus zu spielen, um Weihnachtswünsche wahr werden zu lassen. Bescheren Sie Ihren Gästen einen ganz besonderen Gabentisch, der, mit originellen Details liebevoll bepackt, Freude schenkt und, der Jahreszeit gemäß, so richtig warm ums Herz werden läßt.

Arrangement und Accessoires

Auch wenn vor dem Fenster gerade keine Schneeflocken tanzen, darf der Winter auf Ihrer Tafel Einzug halten. Verzaubern Sie Ihre Gäste mit einer malerischen Winterlandschaft en miniature.

Ein Wintermärchen

Kühle Farben dominieren in der winterlichen Natur. Schneeweiß und eisblau glitzert deshalb die Tafel, soll das Wintermärchen stimmig sein. Ein Traum in lichten Tönen – damit geben Sie der Eiszeit das passende Ambiente.

Legen Sie Ihre winterlichen Phantasien zunächst auf Eis. Auf einer weißen Tischdecke wirkt ein Spiegel so, als hätten Sie in der Mitte der Tafel einen kleinen See angelegt. Salzkörner, auf diesen spiegelglatten See gestreut, erwecken die Illusion von glitzernden Schneeflocken, die die Eisfläche bedecken. Eisblauer und silberner Flitter rahmt die Eisfläche ein und sorgt für die optische Abgrenzung.

Weiße Welt in Streichholzgröße

Spätestens dann, wenn Ihre Gäste entdecken, was sich auf dem kühlen Karree so alles abspielt, beginnt das Eis zu schmelzen. Da dreht eine Eisprinzessin ihre Pirouetten, da bahnt sich ein strammer Skilangläufer beharrlich seinen Weg durch die Loipe, da nimmt ein filigranes Eiskunstlaufpaar à la Kilius/Bäumler Anlauf zum doppelten Rittberger. Unter schneebeladenen Tannenbäumen im Bonsaiformat tummeln sich die Tiere des Waldes. Stattliche Zwölfender in Streichholzgröße stellen sich in Positur, klitzekleine Rehe lugen vorsichtig unter den Tannenzweigen hervor. Und der

Hinzu kommt die moderne Kellereitechnik, die nicht nur die Romantik der alten Holzfässer verdrängt hat, sondern auch das Leben der Weine verkürzt. Konnten früher über das Holz Tannin und Gerbsäure in den Wein gelangen und ihn dadurch haltbar machen, schließt sich diese natürliche Konservierungsmethode bei den heutigen Stahltanks aus.

Damit reiner Wein eingeschenkt werden kann, sollten die Tröpfchen möglichst jung getrunken werden. Bei den Weißweinen eignen sich nur Riesling und Traminer für eine längere Lagerung, Rotweine sollten maximal fünf Jahre aufbewahrt werden. Ein Rieslingwein, nach Müller-Thurgau die am häufigsten angebaute Sorte in Deutschland, läßt sich noch nach drei bis vier Jahren gut verkosten, wenn es sich um einen einfachen Tischwein handelt. Mittlere Weine dieser Sorte halten sich im Schnitt fünf bis zehn Jahre, Riesling mit Spitzenqualität bringt es sogar auf etwa zehn bis zwanzig Jahre. Diese Haltbarkeitsdaten setzen natürlich voraus, daß der Wein richtig gelagert wird. Möglichst gleichbleibende Temperaturen, 8 bis 10 Grad bei weißen, 14 bis 18 Grad bei roten Weinen, halten die Experten für optimal. Da aber kaum ein Keller beide Voraussetzungen zugleich erfüllen kann, hat sich inzwischen eine einheitliche Lagertemperatur von 12 Grad durchgesetzt. Unbedenklich sind jahreszeitlich bedingte Abweichungen, da sie ganz allmählich erfolgen.

Zappenduster muß es im Weinkeller nicht sein, Dämmerlicht ist für die Lagerung ausreichend. Tageslicht sollte allerdings nicht ins Raritätenkabinett fallen. Falls eine Luftfeuchtigkeit von 70 Prozent, die dem Wein am liebsten ist, nicht durch natürliche Gegebenheiten erreicht werden kann, hilft ein Luftbefeuchter oder oft schon ein mit Wasser gefüllter Eimer.

Exkurs: Wein

„Im übrigen hüte man sich vor dem Wein wie vor der Pestilenz!" Der erhobene Zeigefinger des Amatus Lusitanius Judaeus in seinem 1560 erschienenen Medizinbuch ist glücklicherweise zu allen Zeiten geflissentlich übersehen worden. Denn den Rat des gestrengen Herrn zu befolgen, hätte bedeutet, die Menschheit nicht nur um ihr ältestes, sondern auch um ihr am tiefsten mit der Kultur verbundenes Genußmittel zu bringen. Seit rund 3000 Jahren kennt man jenes Getränk, das im Lexikon lapidar als „durch vollständige oder teilweise Gärung der frischen, auch gemaischten Weintrauben oder des Traubenmostes gewonnenes Erzeugnis" beschrieben wird und das zu den geschmackvollsten Hinterlassenschaften des Römischen Reiches gehört.

Denn schon die alten Römer wußten ein gutes Tröpfchen zu schätzen. Der Weinnation der Antike galt der Rebstock als ein Symbol des Friedens und des Fortschritts und als Sinnbild des Lebens schlechthin. Mit ihrem Siegeszug durch Europa eroberte auch der Weinstock weite Teile der Alten Welt. Die Rebe ist freilich viel älter, mit Sicherheit sogar älter als die Menschheit. Als Kulturrebe spielte „vitis vinifera", so ihr botanischer Name, seit etwa dem 10. bis 8. Jahrtausend v. Chr. eine Rolle, als indogermanische Völkergruppen etwas ähnliches wie eine Weinbereitung betrieben. Assyrer und Ägypter, Griechen und schließlich Römer verfeinerten in den nachfolgenden Jahrtausenden die Anbaumethoden und entwickelten die Ursprünge der heutigen Weinkultur.

Der Historie zum Trotz gilt nach Überlieferung der Bibel Noah, der zweite Stammvater der Menschheit, als Begründer des Weinbaus: „... und Noah pflanzte einen Weinstock", steht im Alten Testament geschrieben. Nach ihm bekanntlich die Sintflut – und da Noah auf seiner Arche noch ein Plätzchen für einen Rebstock fand, mußte die Verbreitung des Weinbaus über weite Teile des Erdballs nicht ins Wasser fallen.

Wie trist eine Welt ohne das im Becher funkelnde Tröpfchen ausgesehen hätte, malte bereits der große griechische Tragiker Euripides in schwärzesten Farben aus: „Wo Wein fehlt, sterben selbst die Reize der Aphrodite und machen die Welt der Menschen wüst und freudlos." Und daß im Weine Wahrheit liegt – „in vino veritas" – hielt schon im 7. Jahrhundert v. Chr. der Lyriker Alkaios für die Nachwelt fest.

Ganz buchstäblich nahmen übrigens die Römer der Antike diese Weisheit. Der Kuß, den der römische Mann seiner Frau gab, diente nämlich ganz nebenbei auch dem Zweck einer Kontrolle: Bei seiner Liebesbezeugung konnte er genau überprüfen, ob sich die Gemahlin des Weines enthalten hatte. Die Damen des antiken Rom hatten sich an ein striktes Abstinenzgebot zu halten, um nicht, wie die Herren damals argwöhnten, in beschwipstem Zustand eine leichte Beute für Ehebrecher zu werden.

Die Zeiten haben sich freilich geändert. Nicht nur, daß „der Wein erfreut des Menschen Herz", wie Goethe in seinem „Götz" den Bruder Martin sagen läßt – aus unserer Kultur ist der goldene Saft der Reben nicht mehr wegzudenken. Und auf der Beliebtheitsskala der Getränke klettert der Wein, insbesondere in seiner trockenen Ausprägung, immer weiter nach oben. Mehr als 25 Liter Wein konsumiert jeder Bundesbürger im Schnitt pro Jahr, mit steigender Tendenz.

Das Glas Wein bei Tisch, außerhalb der Anbaugebiete vor einigen Jahren in der Bundesrepublik eher die Ausnahme, ist in der Gastronomie heute fast schon selbstverständlich geworden. Bevorzugen viele Menschen zum Essen leichte, trockene Weine, so bleiben die besonders guten Tropfen, oft wohlgehüteter Schatz des Weinkellers, nach wie vor entsprechend feierlichen Anlässen vorbehalten.

Ein dicker Wermutstropfen aber für jeden Weinkenner, wenn die über Jahre aufbewahrte Rarität Gegenstand eines zweiten Weinwunders geworden ist und sich in schlichtes Wasser verwandelt hat. Ursache dafür kann falsche oder zu lange Lagerung sein. Denn die kostbaren Kellerkinder sind sehr empfindsam und können auf buchstäblich geschmacklose Weise reagieren, wenn sie falsch behandelt werden. Auch Jahrhundertweine mit Spitzenqualitäten – dazu zählen beispielsweise der 1959er, 1971er und 1976er – sind davor nicht gefeit.

Arrangement und Accessoires

Um das Halali stilecht zu inszenieren, müssen Sie nicht in jedem Fall auf die Pirsch nach einer Jagdhütte gehen. Behaglichkeit, romantische Atmosphäre und das typische Ambiente einer herbstlichen Jagd lassen sich auch mit Dekorationselementen auf den Tisch zaubern, die aus dem Fundus des Weidmanns stammen (und in Jagdgeschäften erhältlich sind).

Lassen Sie sich bei einem Spaziergang von den Farben des herbstlichen Waldes inspirieren. Warme Töne, vor allem Rostrot, Gold, Dunkelblau und Moosgrün, sollten die Raumwirkung bestimmen, wenn Sie den Herbst gastronomisch präsentieren.

Herbstliche Fülle

Die üppige Fülle der Dekoration spiegelt die reiche Ernte des Herbstes wider; den lukullischen Genüssen dieser Jahreszeit soll eine nicht weniger opulente Tischinszenierung entsprechen. Besonders wirkungsvoll ist eine farbliche Abstimmung des Menues auf das Thema, wobei es sich anbietet, Elemente aus der Tischdekoration auch in der Dekoration der Speisen zu wiederholen.

Als Service verwenden Sie am besten Porzellan in schlichtem Weiß wie bei unserem Vorschlag oder in einem Dekor, das mit den dunklen Farbtönen des Tischschmucks harmoniert. Einen Treffer landen Sie bei Ihrem Jagdessen natürlich auch, wenn Jagdmotive die Teller zieren. Eine besondere Bedeutung kommt der Auswahl der Tischobjekte zu, die den rustikalen Charakter der Komposition unterstreichen sollen. Als zentraler Blickfang läßt sich ein Geweih auf einem grünen Moosteppich arrangieren; andere Jagdtrophäen können um diesen dekorativen Mittelpunkt herum angeordnet werden. Sollten Sie keinen Jäger kennen, der Tischschmuck dieser Art vielleicht leihweise zur Verfügung stellen kann, so wenden Sie sich an ein Fachgeschäft für Jägereibedarf.

Silberne Skulpturen, von altertümlichen, mehrarmigen Kandelabern ins rechte Licht gesetzt, lassen das Jagdessen zu einem stilvollen Erlebnis werden.

Stimmungsvolle Stilleben

Einen besonderen Akzent setzen Sie mit einem Stilleben, das einem Gemälde aus der Zeit der Romantik entnommen sein könnte: Ein mit blauen Weintrauben, Tannenzapfen und Efeuranken umlegter Fasan verbreitet eine herbstlich-melancholische Atmosphäre.

An den schönen Brauch des Erntedankes erinnern die Gaben der Natur, die als Tafelobst zu einem stimmungsvollen Blickpunkt werden. Hier wurden blaue Weintrauben und grünlich-violette Feigen zu einer eigenwilligen Farbkomposition zusammengefügt.

Den schönsten Schmuck für die weitere Ausgestaltung der herbstlichen Tafel liefert wiederum die Natur. Mit einem Strauß aus Efeu, Eukalyptusblättern und Calla läßt sich die Stimmung der Jahreszeit auf sehr dekorative Weise einfangen. Nehmen Sie das Jagdmotiv noch einmal auf, und schmücken Sie das Blumenarrangement mit Federn aus. Fasanenfedern eignen sich hervorragend, um den Herbststrauß farblich zu akzentuieren. Eine rustikale Eisenamphore als Vase fügt sich gut in die Stimmung ein. Goldfarbene Menuekarten, mit einem Efeublatt geschmückt, runden das herbstliche Bild ab.

Wenn Sie den Zauber dieser Jahreszeit in die gute Stube holen und Ihr ganz persönliches Erntedankfest im Rahmen eines herbstlichen Jagdessens feiern wollen, empfiehlt sich als Tafelmusik Bodenständiges. Lassen Sie Jagdhörner erklingen, oder wählen Sie den „Herbst" aus Vivaldis „Vier Jahreszeiten" zur Untermalung einer eher festlichen Atmosphäre.

Herbst – Die Natur bekennt Farbe

Er ist ein windiger Typ und treibt es ziemlich bunt. Heiterkeitsausbrüche sind charakteristisch für sein Wesen, manchmal jagt er uns aber auch einen kalten Schauer über den Rücken. Ob es nur ein Strohfeuer ist, wenn er uns kräftig einheizt, oder ob er sich wieder einmal in einem Tief befindet, der Herbst erobert unsere Herzen auch im Sturm.

Wenn sich Wald und Flur, eben noch in sattes Grün getaucht, in einen rot-gelben Flickenteppich verwandeln, putzt sich die Natur noch einmal prächtig heraus, bevor sie in den Winterschlaf verfällt. Als sei die Welt mit Farbe übergossen, leuchtet sie in den herbstlichen Farben: In kupferroten und bernsteinfarbenen, honiggelben und kastanienbraunen Tönen schmückt sich die Landschaft ein letztes Mal zur Feier von Vergänglichkeit und Neubeginn.

Im Herbst umgibt sich die Natur mit einem ganz besonderen Flair. Geheimnisvolles Licht scheint den herbstlichen Wald in einen Zauberwald zu verwandeln, sobald der Altweibersommer – die letzten schönen Tage Ende September, Anfang Oktober – Einzug hält. Meist steht das Barometer danach erst einmal auf Sturm, und damit beginnt die Zeit der Drachen, die am seidenen Faden hängend hoch hinaus wollen. Sie gehören zum Herbst wie fallendes Laub, Kartoffelfeuer und Volksfeste.

Herbstzeit ist aber auch die Zeit, in der die Früchte der Feldarbeit eingefahren werden. Auch wenn Korn heute längst nicht mehr von Hand gedroschen wird und moderne Maschinen die schwere körperliche Arbeit übernommen haben, sind die traditionellen Erntebräuche in vielen Gegenden Deutschlands über die Zeit gerettet worden. In die letzte Garbe stecken die Bauern vielerorts den „Erntemai", einen grünen Zweig, ein verziertes Strohkreuz oder ein Birkenbäumchen. Aus Halmen und Feldblumen wird der Erntekranz oder die Erntekrone gebunden, und den Erntedank feiern die Menschen in ländlichen Regionen mit traditionellen Festen, die sich häufig zu Volksfesten ausgeweitet haben. Prächtige Festumzüge winden sich durch die Dörfer, bei denen die Früchte des Landes auf girlandengeschmückten Wagen, zu farbenfrohen Bergen kunstvoll aufgeschichtet, stolz präsentiert werden. In Anlehnung an altes Brauchtum wird frisch geerntetes Obst, Getreide und Gemüse häufig auch in die Dorfkirche gebracht.

Apropos Kirche im Dorf: Auf die Einweihung des Gotteshauses gehen die Volksfeste zurück, die vielerorts im September oder Oktober gefeiert werden, je nach Mundart als Kirchweih, Kirmes, Kerwe, Kirbe oder Kirta.

In den Weinbaugebieten finden jetzt die Winzerfeste statt. Vielen Gemeinden gilt als höchster Feiertag im Jahr, wenn der neue Wein im Faß bitzelt, die Festbesucher auf den Holzbänken eng zusammenrücken und das Schoppenglas kreist. Während bei den feuchtfröhlichen Volksfesten dieser Art an Rhein und Mosel reiner Wein eingeschenkt wird, ist andernorts, besonders natürlich in Bayern, im Oktober der Gerstensaft das Maß aller Dinge. Aber zünftig gefeiert wird hier wie dort im Herbst.

Auch die Götter kommen in den Erntemonaten auf ihre Kosten. Regiert in der Zeit der Traubenreife der Weingott Bacchus, so hat bis spät in den November hinein die Jagdgöttin Diana vielerorts das Sagen.

Mit Jägerlatein sollten Sie zwar nicht aufwarten, aber mit einer Tischdekoration, die Ihre Gäste zu einer zünftigen Jagdgesellschaft einlädt, treffen Sie jetzt genau ins Schwarze.

Herbst

der Tischdekoration durch die Blume zu sagen. Verwandeln Sie Ihre Tafel in ein Blumenmeer mit kleinen, wohl plazierten Blüteninseln.

Sommerliches Stilleben

Ein Stilleben voll barocker Üppigkeit bestimmt die sommerliche Tafel, die so zu einer faszinierenden Augenweide wird. Besonders geeignet für dieses Ambiente sind, wie könnte es anders sein, kräftige Sonnenblumen in ihrem leuchtenden Gelb. Zusammen mit Rosen, Rittersporn, Margeriten, Kornblumen, Fuchsien und Gloriosa entfalten sie ihren sonnig-warmen Charme.

Halbierte Kürbisse in allen Größen dienen als originelle Tischvasen und betonen die Natürlichkeit dieser Dekoration. Auch ein rustikaler Weidenkorb, gefüllt mit Sonnenblumen wie frisch vom Feld, ist ein natürlich-bunter Blickfang auf Ihrer Tafel.

Fruchtige Variante

Ein wenig herzhafter, doch nicht weniger sommerlich, können Sie Ihren Tisch mit frischen Früchten und knackigem Obst gestalten. Diese köstlichen Gaben der Natur, auf einer Etagere dekorativ arrangiert, erinnern an Streifzüge durch sommerliche Gärten aus Kindheitstagen.

Korrespondiert auch die Menueauswahl mit Ihrem Sommer-Arrangement, dann ist die Inszenierung perfekt. Eine fruchtige Sommerbowle mit in der Dekoration wiederkehrenden Früchten ist eine willkommene Erfrischung, die gut ins Bild paßt.

Schlichte Natürlichkeit

Bei dieser blumigen Pracht und Fülle darf es bei den übrigen Dekorationsbestandteilen ruhig ein wenig zurückhaltender zugehen. Ein schlichtes Porzellan eignet sich als dezenter Untergrund ausgezeichnet. Wer es etwas rustikaler liebt, kann auch zu dekorativen Keramiktellern greifen, die den ländlich-natürlichen Charakter des Ambientes noch betonen.

Setzen Sie ganz auf Natürlichkeit und präsentieren Sie Ihr Tischkunstwerk auf warmem, blankem Holz. Auch mit einem grob strukturierten Leinentischtuch bleiben Sie im Bild.

Lassen Sie die Sonne scheinen

Wird der Sommer selbst gefeiert, darf das Symbol dieser Jahreszeit natürlich nicht fehlen. Hier leuchtet die Sonne – zwar aus Gips, doch blattvergoldet – an einem eigenwillig-dekorativen Eisenständer befestigt über der Tafel. Sie korrespondiert mit den Miniatur-Gestirnen, die jeder Gast als Andenken an diese Sommernacht mit nach Hause nehmen kann. Wirkungsvoll auf den Servietten arrangiert, kommen diese kleinen Messingsonnen erst richtig zur Geltung. So lassen Sie für jeden Gast ganz persönlich die Sonne scheinen.

Sanfter Kerzenschein, den ein apartes Windlicht verbreitet, erinnert an lange Sommerabende im Freien. Urlaubserinnerungen werden wach, Vorfreude auf zukünftige Reisen stellt sich ein.

Bei den romantischen Klängen italienischer Schlager können sich Ihre Gäste wie im sonnigen Süden fühlen. Doch manche mögen es auch heiß, und dann sind eingehende Rumba-Rhythmen und mitreißende Samba-Klänge die richtigen musikalischen Begleiter schöner Urlaubsträumereien.

Sommer – Heiße Zeiten kommen

Der Sommer ist so ziemlich das Heißeste, was das Jahr zu bieten hat. Während er sich bei uns nur zu einem Gastspiel aufraffen kann, steht er in anderen Teilen der Erde rund ums Jahr auf dem Spielplan. Wie dem auch sei, er ist stets ein Publikumsliebling, und seine Tournee ist immer zu kurz. Der Sommer, die Zeit, in der auch kühle Denker zu echten Hitzköpfen werden, die Monate, in denen aus eingefleischten Stubenhockern euphorische Sonnenanbeter werden.

Für viele ist er die Hoch-Zeit des Jahres schlichtweg. Erst wenn die Temperaturen steigen, die Tage länger werden und ein leichtes Flimmern in der Luft auch den hohen Norden in tiefen Süden verwandelt, fühlen sich viele Menschen wieder auf der Sonnenseite des Lebens. Obwohl in unserer mobilen Gesellschaft der Sommer per Fernflug zu jeder Zeit des Jahres genossen werden kann, wird es den meisten erst dann so richtig warm ums Herz, wenn es auch in unseren Breiten heiß hergeht.

Doch daß es den Menschen magisch in die Ferne zieht, auch wenn Sommerfreuden in der Nähe locken, ist ein Phänomen, das so alt ist wie die Menschheit selbst.

Prominente Beispiele gibt es unzählige: Der Dichter- und Denkerfürst Johann Wolfgang von Goethe war wohl in der Weimarer Gesellschaft einer der Fernwehgeplagtesten. Seine Italienreisen Ende des 18. Jahrhunderts sind ebenso in die Literaturgeschichte eingegangen wie die Werke aus dieser Zeit selbst.

„Nichts wie raus" hieß auch das Motto vieler späterer Zeitgenossen. Die Natur gerade im Sommer in all ihrer Schönheit und Unverfälschtheit zu entdecken, war unabdingbares Wesensmerkmal jener Epoche, die wir heute mit der Zeit der Romantik umschreiben. Den Spuren des Malers Caspar David Friedrich folgend, eroberte man auf der Suche nach einem neuen Lebensgefühl unberührte Ecken und Winkel.

Das unwiderstehliche Verlangen, bei den ersten heißen Tagen des Jahres die eigenen vier Wände hinter sich zu lassen und im Schatten der Bäume seinen Gedanken freien Lauf zu lassen, manifestierte sich zu Beginn des Jahrhunderts in einer heute noch weit verbreiteten Institution, den Schrebergärten, benannt nach dem Arzt und Pädagogen David Gottlieb Moritz Schreber. Jene kleinen Grünanlagen abseits der stickigen Städte zeigten nur zu deutlich den Wunsch nach einem ganz persönlichen Idyll.

Doch der Rückzug in den grünen Winkel gleich vor der Stadt befriedigte auf Dauer die Unternehmungslust vieler Menschen nicht mehr. So erlebte in den sechziger Jahren gerade Italien eine wahre Reise-Renaissance. Tausende von Urlaubshungrigen pilgerten mit ihrem unverwüstlichen VW-Käfer an die Strände der Adria oder die Küsten der Riviera.

Heute nun sind auch die entlegensten Inseln der Welt längst keine bloße Vision für Fernwehkranke mehr. Von Teneriffa bis Tunesien können Sonnensüchtige das ganze Jahr über heiße Zeiten erleben und sich die bräunenden Strahlen auf den Bauch scheinen lassen.

Doch was tun, wenn der nächste Urlaub noch weit ist und berufliche oder private Verpflichtungen einen Abstecher in den Süden nicht zulassen? Dann hilft nur eines: den Sommer einfach ins Haus holen. Schließlich muß Ferienstimmung und Urlaubslaune nicht erst in südlichen Gefilden aufkommen; heiße Zeiten können auch bei uns ohne weiteres herbeigezaubert werden.

Verwandeln Sie den Tisch für Ihre Gäste in einen blumenreichen Garten Eden, der gleich einer Sommerwiese zum Verweilen einlädt. Urlaubserinnerungen werden wach, wenn als Aperitif zum leichten Mahl ein herber Ouzo oder frischer Cidre gereicht werden. Bei stimmungsvollem Kerzenlicht scheint Ihre Tafel so unter dem sternklaren Himmel einer lauen Sommernacht zu stehen. Das sommerliche Gastspiel in Ihren Räumen wird gewiß den Beifall Ihrer Gäste finden.

Arrangement und Accessoires

Auch wenn sie allein noch keinen Sommer machen, so gehören sie doch zu ihm wie die Sonne und das Meer: Blumen – in ihrer nahezu unerschöpflichen Farben- und Formenvielfalt sind sie die buntesten Boten dieser Jahreszeit. Grund genug also, es auch bei

Sommer

sammenstellung der „lebendigen Blumen" ist weit mehr als simples Blumenstecken, verbindet sie doch Mythologie und Ästhetik auf symbolträchtige Weise. Himmel, Erde und Mensch spiegeln sich in den seltsam bizarren, fast geometrisch angeordneten und dennoch beseelten Blumengebinden wider.

Etwas handwerkliches Geschick ist in jedem Fall vonnöten, um ein Blumengesteck selbst anzufertigen. Seine Form sollte von der des Tisches abhängen; länglich eignet sich für einen rechteckigen, rund für einen quadratischen oder runden Tisch.

Einen sehr festlichen Charakter verleiht eine Blumengirlande dem gedeckten Tisch. Durch Girlanden lassen sich verschiedene Tischelemente wirkungsvoll miteinander verbinden, und auch der Platz des Ehrengastes kann optisch hervorgehoben werden.

Exkurs: Blumen

Ihr Leben ist meist von nur kurzer Dauer, manchmal einen Sommer lang, manchmal nur wenige Stunden. Schon immer haben Blumen die Phantasie der Menschen beflügelt. Dichter haben sich einen Reim auf sie gemacht, Maler haben sich zu allen Zeiten von ihnen inspirieren lassen und versucht, ihre Schönheit mit Pinsel und Farbe einzufangen. „Von Aphrodite einmal abgesehen: Gibt es auf unserem Planeten etwas Lieblicheres als Blumen?", so beantwortete einmal ein kluger Kopf seine rhetorische Frage gleich selbst.

Die Welt wäre tatsächlich ein gutes Stück ärmer ohne die Blumen, die in einer nach vielen tausenden zählenden Artenvielfalt von der Abendblume bis zur Zwergalpenrose ihre Pracht entfalten. Manche blühen unauffällig und im Verborgenen, andere bereichern als fröhlich-bunter Farbtupfer die Natur, manche sind eher ein zartes Pflänzchen, andere erblühen als exotischwilde Schönheit.

Ein kleines Stück des Garten Eden läßt sich auf jeden dekorativ gedeckten Tisch verpflanzen. Erst ein Blumenarrangement, das auf die anderen Elemente der Tafel in Farbe, Form und Stil abgestimmt ist, rundet eine Tischinszenierung gelungen ab. Bei der Wahl des Blumenschmucks darf die Phantasie ruhig Blüten treiben, denn Blumen jeder Art verleihen dem gedeckten Tisch einen natürlichen Charme und geben ihm einen frischen Akzent. Das Blumenensemble muß dabei nicht in jedem Fall Ton in Ton mit Gedeck oder Tischobjekten harmonieren; florale Farbspiele eignen sich auch ausgezeichnet, um gezielt auffällige Kontraste zu setzen.

Der Blumenschmuck kann eine Tafel auf ganz unterschiedliche Weise beleben. Ein üppiges Bukett, farblich passend zur Dekoration, wirkt festlich-elegant; rustikal und natürlich dagegen erscheint ein bunter Strauß aus Wiesenblumen, wenn beispielsweise ein kräftiges Abendessen mit frischem Brot, Käse und Landwein aufgetischt wird.

Der klassische Blumenstrauß ist die einfachste Möglichkeit, dem gedeckten Tisch eine besondere Atmosphäre zu verleihen. Wenn Sie es dem Floristen überlassen, einen Strauß zusammenzustellen, müssen Sie nur noch eine passende Vase wählen. Doch sollte der Florist zumindest über den Anlaß informiert sein.

Bei selbstgepflückten Wiesen- oder Gartenblumen empfiehlt es sich, die Stiele am unteren Ende mit einem scharfen Messer schräg anzuschneiden, um so die Wasserleitbahnen zu öffnen. Längere Freude an Schnittblumen hat man außerdem, wenn das Laub am unteren Drittel der Stiele sorgfältig entfernt wird. Damit wird verhindert, daß die Blätter im Vasenwasser zu faulen beginnen.

In jedem Fall sollte bei der Wahl des Blumenschmucks beachtet werden, daß seine Größe auf die des Tisches abgestimmt ist und er nicht etwa zum Blickfang im ganz buchstäblichen Sinne wird. Der Blick zum gegenüber sitzenden Tischnachbarn darf nicht verstellt sein.

Statt eines großen, dominanten Blumenstraußes können aber auch einzelne Blüten, die dekorativ über den Tisch verteilt werden, reizvoll wirken. Orchideenblüten beispielsweise eignen sich besonders gut, um eine elegante Note anzuschlagen. Blüten oder Blütenblätter aus dem Tischbukett, die Seerosen gleich auf dem Wasser einer flachen Glasschale schwimmen, verwandeln diese in ein kleines Blumenmeer.

Nicht in jedem Fall müssen Sie auf natürliche Blumen zurückgreifen, um die Tischdekoration abzurunden. Auch feine Seidenblumen verleihen einer eleganten Kaffeetafel eine festliche und behagliche Atmosphäre.

Auch mit der über tausendjährigen fernöstlichen Kunst „Ikebana" lassen sich Blumen wirkungsvoll arrangieren. Die Zuden richtigen Ton und geben Ihrem Frühlingsfest einen eleganten Charakter. Geben Sie grünes Licht auch für die farbliche Abstimmung aller kleinen Details: Ob Dessertteller, Brotkorb oder Salzstreuer – das frühlingsfrische Grün-Weiß wiederholt sich in allen Elementen der Tischdekoration.

Schon die üppigen Blumenarrangements auf dem gedeckten Frühlingstisch erinnern Ihre Gäste an die Atmosphäre eines Picknicks unter freiem Himmel – da darf auf eine Tischdecke ruhig einmal verzichtet werden. Das Landleben kann aber auch am grünen Tisch stattfinden. Ein weißes oder zartgrünes Tuch unterstreicht den frischen Charakter der Tischinszenierung und gibt Ihrer Tafel eine elegante Note.

Helligkeit ist Trumpf

Helligkeit ist Trumpf, wollen Sie den Lenz auf gebührende Weise empfangen. Verwenden Sie deshalb weiße Servietten oder entscheiden Sie sich für einen Farbton, der mit dem zarten Grün der Porzellanteller korrespondiert, wenn Sie Ihre Gäste ganz im Grünen tafeln lassen wollen. Noch eine hübsche Idee: Lassen Sie auch bei der Wahl der Serviettenringe Blumen sprechen. Maiglöckchen, zu kleinen Sträußchen gebunden, sind eine ungewöhnliche Variante.

Sparsamer Umgang mit Tischobjekten ist angesichts der Blumenpracht, die sich am wirkungsvollsten in schlichten Glasvasen (erhältlich in jedem Kaufhaus) entfaltet, durchaus erlaubt. Wollen Sie aber weitere Akzente setzen, so passen Kräuter wie Schnittlauch, Petersilie, Dill, Thymian, Basilikum und Estragon gut ins frühlingsfrische Bild. In kleinen Keramiktöpfen oder zusammen in einer dekorativen Schale sollten die Küchenkräuter aufgetischt werden. Die Frühlingslandschaft wird perfekt, wenn sich Singvögel en miniature aus Holz (erhältlich im Spielwarenhandel) zwischen dem Grün tummeln.

Verschwenderische Fülle

Laden Sie Ihre Gäste mit Ihrer Tischinszenierung ein zu einem Ausflug in die freie Natur. Mit einer verschwenderischen Fülle der schönsten Frühlingsblumen kommen Sie sicher auf einen grünen Zweig. Wie eine Frühlingswiese wirkt die Tafel, wenn sich ein Blumenmeer aus weißen und grünen Pflanzen – Hyazinthen, Narzissen, Tulpen, Schneeglöckchen, Krokusse, Efeublätter, Schneeball – auf der Tafel ausbreitet. Auch zarte Gemüsepflänzchen, arrangiert in kleinen Vasen oder überraschend kombiniert mit den Blumen, entfalten eine sehr dekorative Wirkung. Als originelle Details zieren den frühlingshaften Tisch Mini-Blumenkohl, Mini-Wirsing, Spargel oder Lauch.

Wenn die Jahreszeit den Ton angibt

Soll die Tafel, etwa zu Ostern, von warmen Gelbtönen bestimmt sein, setzen Sie doch auch hier die Akzente durch Blumen in den Sonnenfarben. Floristen halten um diese Zeit herum eine reiche Auswahl von Osterglocken und Primeln bis zu Forsythien und gelbem Ginster bereit. Ob nun, wie bei unserem Dekorationsvorschlag, in grün-weißem Ambiente oder in leuchtendem Gelb – in jedem Fall wird die üppige Blütenpracht Ihre Gäste auf natürlich-charmante Weise verzaubern.

Einfache Papieretiketten dienen als Tischkarten, die sich mit einer glänzenden Idee festlich gestalten lassen: Beschriften Sie die Tischkarten mit einem Goldstift, der im Schreibwarenhandel erhältlich ist. Die Farbe der Karten – warum nicht auch der Menuekarten? – sollte auf die Tischdekoration abgestimmt sein.

Stimmen Sie Ihre Gäste auch musikalisch auf den Frühling ein, am besten natürlich mit dem „Frühling" von Vivaldis „Vier Jahreszeiten". Nordisch herb, aber auch träumerisch empfindsam läßt sich der Frühling beispielsweise auch mit Edvard Griegs „Peer Gynt" ankündigen.

Frühling – Es blüht uns etwas

Jedes Jahr das gleiche Theater: Zuerst ziert er sich ein bißchen und hält sich verborgen, zeigt uns die kalte Schulter und läßt auf sich warten. Dann endlich kommt er, wird aber gleich launisch und fällt ständig von einem Extrem ins andere – mal kann man mit ihm warm werden, dann gibt er sich wieder unterkühlt. Aber schließlich wird er zunehmend freundlicher und sein sonniges Gemüt kommt zum Vorschein. Was das Lexikon ganz nüchtern als „die Zeit zunehmender Tageslängen etwa von der Tagundnachtgleich ab" definiert, gilt vielen Menschen als die schönste Jahreszeit: der Frühling.

Ganze Bibliotheken dürften die Liebeserklärungen füllen, die Dichter aller Zeiten der Blütezeit gemacht haben. „Die linden Lüfte sind erwacht", heißt es in einem romantischen Gedicht bei Ludwig Uhland, „Frühling läßt sein blaues Band wieder flattern durch die Lüfte", so umschreibt Eduard Mörike das Schauspiel der aufblühenden Natur. Und wenn „vom Eise befreit sind Ströme und Bäche durch des Frühlings holden, belebenden Blick", wie Goethe seinen Faust beim Osterspaziergang sagen läßt, spätestens dann hat der Winter den Kampf verloren und darf allenfalls vorübergehend, wenn die Eisheiligen im Kalender stehen, aufkeimende Frühlingsgefühle noch einmal auf Eis legen.

Kaum spitzt die Sonne in den ersten Märztagen hinter den Wolken hervor und schickt wärmere Strahlen zur noch winterlich kahlen Erde, werden auch schon die ersten Feste gefeiert, um den herannahenden Frühling gebührend zu empfangen. Aus unterschiedlichen Traditionen haben sich in allen Ecken Deutschlands Frühlingsfeste entwickelt, so beispielsweise aus kirchlichen Festen, wobei vor allem die traditionellen Pfingstbräuche eine Rolle spielen.

Andere Feste zur Begrüßung des Frühlings sind aus volkstümlichen Feiern entstanden. Bereits im März bevölkern in vielen, meist kleineren Gemeinden Akteure und Schaulustige Straßen, Plätze und Gassen, wenn – beispielsweise in Südwestdeutschland – Sommertagszüge stattfinden, bei denen zum krönenden Abschluß der Winter symbolisch verbrannt wird.

Vielerorts werden Osterfeuer entzündet, im Harz ist bei Walpurgisfeiern der Teufel los, im bayrischen Raum sind feierliche Prozessionen, Oster- und Passionsspiele festliche Vorboten des Frühlings. Buntgeschmückte Maibäume werden auf zahlreichen Marktplätzen zwischen Flensburg und Oberstdorf aufgestellt, um den Wonnemonat zu begrüßen.

Die Landkarte der Festbräuche im Frühling ist bunt, und keine andere Jahreszeit kann mit solch einem Festkalender aufwarten. Feste feiern – in durchaus doppeltem Sinne bietet die erwachende Natur dafür die Kulisse.

Arrangement und Accessoires

So wie der Frühling die Welt auf die Sonnenseite des Lebens rückt, kann auch eine Tischdekoration, die die Jahreszeit zum Thema macht, für frische, sonnige Optik sorgen und den Frühlingszauber auf charmante Weise umsetzen. Ganz natürlich läßt sich der Lenz ins Haus holen, läßt sich mit originellen Dekorationselementen in einer farbenfrohen, heiteren Komposition Frühlingsstimmung auf den Tisch zaubern. Sagen Sie es Ihren Gästen vor allem durch die Blume: Frühlingsblüten verleihen der Tafel ein Flair von Frische und Natürlichkeit und setzen in außergewöhnlichen Arrangements attraktive Blickpunkte.

Frühlingsfrische Note

Grün und Weiß sind typische Farben des Frühlings, und in diesen Tönen können Sie auch Ihre Tafel leuchten lassen. Schwelgen Sie in der ganzen Palette dieser frischen, zarten Farben, und der Frühlingstisch erhält die der Jahreszeit entsprechende Note. Mit lindgrünen Porzellantellern (hier „Amadeus" von Ginori) treffen Sie

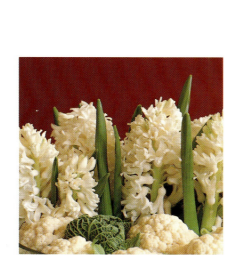

Frühling

aufblühen kann eine leuchtende Pracht aus gelben Mohnblumen, wenn sie verschwenderisch, zusammen mit kleinen, weißen Muscheln, auf einer Etagere arrangiert wird. Es müssen nicht unbedingt Mohnblumen sein, doch sollte Gelb bis hin zu Orangerot den Ton angeben, verbindet man doch gerade mit diesen Farbschattierungen exotische Opulenz. Farbenprächtige Hibiskusblüten bieten sich ebenfalls an.

Reggae und Karibik-Kitsch

Gestalten Sie Ihre Karten ganz nach Ihrem Geschmack; auch ein wenig karibischer Kitsch in seiner liebenswertesten Form ist dabei erlaubt. Weiße Tischkarten, die die Form von Muscheln haben, geben auf originelle Weise Auskunft über Kulinarisches, beispielsweise aus der kreolischen Küche. Aber auch zartblaue Karten, zu den Servietten passend und mit einem Seestern verziert, runden das exotische Ensemble ab.

Einst wurde sie verboten, dann wieder zur Kultform erhoben: die sogenannte Steel-Musik, die karibischen Klänge der Schwarzen. Ein wenig vertrauter für europäische Ohren, doch nicht weniger mitreißend als Tischmusik, ist der populäre Reggae mit seinen heißen, eingängigen Rhythmen.

längst jedem auf der Karte ein Begriff sind, so bleibt „Antilia" für uns ebenso wie für die Seefahrer des 15. Jahrhunderts eine schillernde Traumwelt voller Geheimnisse.

Arrangement und Accessoires

Freiräume für die Phantasie schaffen, wo man die Seele baumeln lassen kann. Wenn Sie nicht nur den Gaumen, sondern auch die Psyche Ihrer Gäste verwöhnen wollen, dann nehmen Sie sie mit auf einen traumhaften Trip in den sonnigen Süden. Frische Limonen, feiner Sand wie vom Strand von Aruba und kräftiges Türkis, das in stimmungsvollem Licht das Glitzern des Meeres herbeizuzaubern scheint – schon herrschen bei Ihnen paradiesische Zustände.

Inselzauber perfekt inszeniert

Wer trotz aller Romantik auf Perfektion setzt, greift auch beim Tafelgeschirr nach den Sternen. Die Kombination von meeresblauem und türkisfarbenem Dekor setzt bei dieser Karibik-Kreation die entscheidenden Akzente.

Schwimmt dann auch noch ein farblich abgestimmter Glasfisch auf jedem Teller munter einher, verwandelt sich Ihr Porzellan (hier Trapan, Paris) in der Phantasie des Gastes in eine kleine, entlegene Bucht, die nur ihm allein gehört. Ebenso effektvoll und nicht weniger exotisch nimmt sich auch weißes Geschirr aus, das, auf einem Palmen- oder Lotosblatt arrangiert, an die eigenwillig-schöne Flora der karibischen Inselwelt erinnert.

In der Farben- und Formenvielfalt dieser üppigen Karibik-Dekoration schaffen schlichte Gläser einen ruhigen Ausgleich. Wer auch hier Farbe ins Spiel bringen will, kann dies mit Blue Curaçao tun, der als Longdrink wie geschaffen ist, Ihre Gäste in südländische Stimmung zu versetzen. Assoziationen mit der gleichnamigen Insel in der Karibik können da einfach nicht ausbleiben.

Natur pur

Geben Sie der Tischdecke ruhig einmal einen Korb, und setzen Sie auf Natur pur. Eine einfache Bastmatte, die von einem bunten Markt auf Haiti stammen könnte, ist die schlichteste und dennoch stilvollste Basis für Ihre Tischdekoration. Kleine Stilleben, hin und wieder mit feinem Sand umgeben arrangiert, betonen den verträumten Reiz Ihrer kleinen Insel.

Zartblaue Stoffservietten werden zu kleinen Blickfängen, ohne dem Mittelpunkt der Tafel die Schau zu stehlen. Basttrodeln (in Blumengeschäften erhältlich) eignen sich hervorragend als südländische Serviettenringe und setzen die exotische Note bis zum kleinsten Detail konsequent fort.

Üppig-buntes Treiben

Nur keine falsche Bescheidenheit, bei einem karibischen Ensemble darf man es ruhig einmal etwas bunt treiben. Dekorative Seesterne, großzügig auf dem gesamten Tisch verteilt, dazwischen weiße Muscheln, wie aus dem letzten Urlaub mitgebracht, stehen Ihrem Traumgebilde gut zu Gesicht.

Einen zusätzlichen Blickfang kann auch eine schlichte Glaskaraffe, gefüllt mit leuchtend rotem Campari oder besagtem Blue Curaçao, bilden.

Um eine üppige Karibik-Kreation entstehen zu lassen, darf die Phantasie schon mal Blüten treiben. Denn was wäre die Karibik ohne den betörenden Duft der orangefarbenen Blütenpracht des Regenbaums, was ohne sein sattes Grün? So richtig

Karibik – Reif für die Insel

Noch vor ihrer Entdeckung glaubte man, alles über sie zu wissen. Nach ihrer Eroberung war sie rätselhafter und geheimnisvoller denn je zuvor. George Washington besuchte sie als einer der ersten Touristen und Admiral Nelson fand auf ihr sein Glück fürs Leben. Die einst imaginäre Inselwelt der Karibik ist heute ein palmenreiches Paradies und Zufluchtstätte für alle Zivilisationsmüden.

Ihre Geschichte beginnt so sagenumwoben, wie ihr Ruf es noch heute in der fernen, westlichen Welt ist. Denn noch bevor die Karibik überhaupt je von Seefahrern und Kosmographen, von Globetrottern und Reisenden gesichtet wurde, hatte sie schon einen Namen. „Antilia" hieß der Stoff, aus dem die kühnsten Erobererträume waren. Westlich der Azoren, also nach den damaligen geographischen Kenntnissen zwischen Portugal und Japan gelegen, vermutete man diesen vermeintlichen Zwilling

der nicht minder schillernden, legendären Insel „Atlantis". Doch das Ei des Kolumbus war diese verträumte Hypothese in der Tat nicht, wenngleich eben dieser bei seinen Entdeckungsreisen eine Karte mit dem exotischen Namen „Antilia" bei sich führte.

Kaum eine Region wird von so vielen Klischees heimgesucht wie die Karibische Welt, und kaum ein Teil der Erde erfüllt davon so viele. Wer hätte nicht schon einmal nach der Hektik eines anstrengenden Arbeitstags von sternklaren Nächten über feinen Sandstränden geträumt, wer hätte nicht schon einmal von malerischen Märkten mit exotischen Früchten und von wilder, unberührter Natur phantasiert? Wer war nicht schon einmal, kurz gesagt, reif für die Insel?

Doch daß es derer so viele gibt, macht die Wahl des Urlaubsortes zur schönen Qual. „Insel-Hopping" heißt das Reiserezept der Insel-Insider für einen Trip durch das Paradies. Allein die exotischen Namen klingen wie Musik in den Ohren aller vom Fernweh Geplagten. Dominica, Grenada, St. Lucia, Antigua oder Saba – man muß wahrlich kein Karibik-Kenner sein, um hier an türkisgrünes Meer, an perlweiße Strände, an leuchtend-bunte Papageien und exotische Rhythmen zu denken.

Einen Hauch dieses exotischen Flairs zaubern wir schon seit Jahren in unseren nicht ganz so farbenprächtigen Alltag: Kaum ein Wochenmarkt, der nicht frische, tiefgrüne Papayas anbietet, kaum eine Getränkekarte, die ohne Cocktails fremdländischer Herkunft auskommt. Die Sehnsucht nach der ewigen Sonnenseite des Lebens, fernab vom lästigen Alltag, ist ein alter Menschheitstraum. Doch meist bleibt der Traum von der Insel so entlegen wie die Karibik selbst. Warum sollte man sich dann nicht einmal für einen Abend zumindest von ihrem Charme verzaubern lassen?

Bauen Sie Ihren Tisch für eine Nacht auf Sand, holen Sie Ihren Gästen die (See-) Sterne vom Himmel. Geheimnisvolle Muscheln, in denen man das Meeresrauschen gefangen glaubt, farbige Teller, die den Himmel und das Wasser widerzuspiegeln scheinen, leuchtend-bunte Blüten, die die Farbenpracht karibischer Exotik anklingen lassen – all dies schafft den Raum für Phantasien vom Paradies.

Eine mit exotischen Gerichten angereicherte Speisekarte und karibische Köstlichkeiten wie Blue Curaçao als Longdrink tun ein übriges. Denn auch wenn die Kleinen und Großen Antillen

Karibik

- Freitag: Idealtermin, wenn kein Wert auf Anwesenheit der Presse gelegt wird
- Uhrzeit: 18.30/19.00 Uhr (nach Erfahrungswerten der einzelnen Gastronomen)

Ablauf der Vernissage

- Eintreffen der Gäste (ca. 18.30 Uhr)
- Aperitif: Champagner, Sekt oder ein auf das Thema der Ausstellung abgestimmtes Getränk
- Begrüßung durch Gastronom
- Vorstellung des Künstlers und seiner Werke (durch fachlich kompetente Person, in Absprache mit dem Künstler)
- Besichtigung der Ausstellung
- Anschließend Menue bzw. Eröffnung des Buffets, Uhrzeit: ca. 19.30 Uhr
  (Vorteil Buffet: ungezwungenere Atmosphäre)

Sonstiges

- Musik: Abstimmung auf das Thema der Ausstellung, evtl. kleines Live-Ensemble
- evtl. während der Ausstellungsdauer Angebot eines oder mehrerer spezieller „Künstler-Menues" (mehrere Gänge, Namen auf Werke des Künstlers abgestimmt, Farben/Formen der Werke tauchen bei den angebotenen Speisen auf etc.).

Checkliste für Ausstellungen / Vernissagen

„Hommage à Mondrian" soll Anregung sein, auch einmal Kunst als Thema aufzugreifen. Das Umsetzen ist gar nicht so kompliziert: Sie können zum Beispiel Kunststudenten in Ihrem Restaurant Ausstellungsmöglichkeiten bieten und eine kleine Vernissage veranstalten. Und wenn Sie generell Ihr Restaurant mit Kunstwerken ausstatten wollen, bieten Artotheken Kunstwerke zum Ausleihen an.

Kontaktaufnahme / Vereinbarungen

- Telefonische bzw. persönliche Kontaktaufnahme zu (lokalem) Künstler, z.B. über Kunsthochschulen
- evtl. Kooperation mit kleiner, junger Galerie
- Vereinbarung über Konzept / Thema / Termin der Ausstellung
- Vereinbarung über kostenlose Zurverfügungstellung der Werke möglichst inkl. Anlieferung und Aufbau
- Vereinbarung über evtl. Verkaufserlöse

Bekanntmachung der Ausstellung / Einladung zur Vernissage

- Schaltung einer Anzeige in Lokalzeitung / Stadtmagazin mit Hinweis auf Thema und Dauer der Veranstaltung sowie zu Menue, Kosten etc.
- Hinweis im Veranstaltungskalender der Lokalzeitung sowie in Stadtmagazinen
- Telefonische Kontaktaufnahme zu Lokalredakteuren / schriftliche Information über die Aktion
- Erstellung einer zum Thema passenden Einladung (mit Antwortkarte) in Abstimmung mit dem Künstler
- Einladung von Stammgästen, lokaler Prominenz und Journalisten mit Einladungskarte oder persönlichem Brief
- Hinweis auf die Ausstellung am Eingang (z. B. große Staffelei)

Auszeichnung / Beleuchtung

- Schildchen mit Thema des Werkes, Name des Künstlers, Entstehungsjahr sowie evtl. Preis des Stückes neben dem Ausstellungsobjekt befestigen oder
- Bilder numerieren / Preisliste auslegen
- Information zum Künstler (Werdegang / bisherige Ausstellungen) auslegen
- verkaufte Exponate mit einem roten Punkt bzw. mit dem Hinweis „verkauft" versehen
- optimale Beleuchtung der Ausstellungsobjekte beachten (evtl. Spots)

Dauer der Ausstellung

- Dauer der Ausstellung: je nach Gastronomiebetrieb ein bis vier Wochen

Termin / Uhrzeit der Vernissage

- Donnerstag: bevorzugter Termin bei Einladung von Journalisten

empfiehlt sich schlichtes, doch dafür um so wirkungsvolleres Tafelgeschirr in den von Mondrian verwendeten Primärfarben Rot, Gelb, Blau oder in Schwarz. Auch Muster stören dabei in keiner Weise den Gesamteindruck, im Gegenteil, ein abgestimmtes Dekor kann zusätzliche, eigenwillige Akzente setzen. Selbst mit einem weißen Porzellan müssen Sie Ihre Mondrian-Ausstellung nicht absagen: Mit passenden Platztellern, beispielsweise aus meeresblauem Glas, erzielen Sie ohne großen Aufwand einen ähnlichen Effekt.

Schlichte Gläser ohne auffälliges Dekor fügen sich am besten in den kühlen Charakter, der hier ganz bewußt erzeugt werden soll.

Ob Sie die Tischdecke nun zum ruhenden Untergrund werden lassen, indem Sie ein neutrales, weißes Tafeltuch verwenden, oder ob Sie stattdessen lieber bei den farbigen Accessoires zurückhaltend sind und mit einem leuchtenden Tischtuch den Akzent setzen, bleibt Ihnen unbenommen. Doch bei aufwendigeren Tischdekorationen, beispielsweise mit bunten Blumenarrangements, sollte das Tischtuch eher für einen ruhigen Ausgleich sorgen.

Die Servietten sollten in erster Linie auf ihren Untergrund, also auf das verwendete Porzellan oder die Tischdecke abgestimmt werden. Bekennen Sie beim Service kräftig Farbe, dann stehen weiße Leinenservietten Ihrem Tisch am besten zu Gesicht. Bei weißem Porzellan hingegen ist ein Griff in die Farbenpalette erlaubt – Voraussetzung natürlich auch hier: die Korrespondenz mit Mondrian und seinen Primärfarben Blau, Gelb und Rot.

Der Künstler und sein Werk im rechten Licht

Kaum ein Tischthema läßt der Phantasie so viel Raum für witzig-ausgefallene Spielereien wie die Kunst selbst. Betonen Sie ruhig den kreativen Charakter Ihres Gemäldes in Tischformat, und inspirieren Sie Ihre Gäste mit einem dekorativ über dem Teller arrangierten Pinsel zu farbigen Assoziationen.

Eine originelle und zugleich leicht realisierbare Dekoration bietet sich in Form eines Mondrian-Plakates (im Postershop oder in Kunsthandlungen erhältlich) fast von selbst an. Auf dem Tischtuch ausgebreitet, setzt es den Künstler und sein Werk ins rechte Licht.

Doch bei aller geometrisch-kühlen Sachlichkeit muß auf Kerzen nicht verzichtet werden. Im extravaganten Kerzenleuchter hinter blauem Glas plaziert, bleibt die Balance zwischen gastlichem Ambiente und klarem Design perfekt gewahrt.

Was die Natur zu Mondrian zu sagen hat

Trotz aller gestalterischen Strenge soll Ihre Tafel kein starres Kunstgebilde werden. Blumensträuße und Blütenkelche geben der Geometrie die nötige Frische. Ob nun leuchtend gelbe Mimosen, üppig und dekorativ in schlichten Glaswürfeln arrangiert, oder ein zarter Strauß tiefvioletter Stiefmütterchen, ob Traubenhyazinthen in Mondrian-Blau die Blicke auf sich ziehen oder signalrote Amaryllis-Blüten zum optischen Mittelpunkt werden, die Auswahl blumiger Tischbegleiter ist nahezu grenzenlos. Sonnengelbe Osterglocken, azurfarbene Fresien oder flamingorote Anthurien – zu Mondrian hat die Natur viel zu sagen und verwandelt so das strenge Bild in ein fröhliches Gemälde, das allen Ansprüchen Ihrer Gäste an Ästhetik und Ambiente Rechnung tragen wird.

Originell und funktionell

Kleine Kunstwerke im Postkartenformat (in fast allen Galerien oder Kunsthandlungen, aber auch im Schreibwarenhandel erhältlich), fachmännisch auf Mini-Staffeleien plaziert, dienen als witzig-ausgefallener Blickfang oder funktionelle und zugleich originelle Tischkarten Ihres Mondrian-Menues. Ob Sie sich für die eine oder die andere Möglichkeit entscheiden, Ihre Gäste können in jedem Fall eine ganz persönliche Visitenkarte Ihres Einfallsreichtums mit nach Hause nehmen.

Sind Ihre Gäste Anhänger des Cool-Jazz, so ist die Auswahl der passenden Tischmusik ein leichtes. Wer es etwas ausgefallener und vielleicht ein wenig schräg mag, der darf ruhig zu den vollen Klangfarben von Strawinskys „Feuervogel" greifen.

Mondrian – Geniale Geometrie

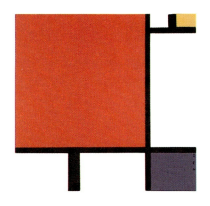

Er war ein Mann mit Ecken und Kanten, einer, der sich auf Schwarzmalerei verstand wie auf geniale Winkelzüge und stellenweise Farbe bekannte. Geradlinig, auch wenn er manchen Zeitgenossen gegen den Strich ging: Piet Mondrian (1872 – 1944), holländischer Maler, der mit seinen geometrischen Kunststücken eine Revolution in der modernen Malerei auslöste.

Wie die Quadratur des Kreises mag in den frühen zwanziger Jahren gewirkt haben, daß Mondrian das Lineal anlegte, wo andere den freien Pinselstrich zogen. Und aus dem Rahmen wäre wohl jeder gefallen, der damals die kühne Prognose gewagt hätte, diese schwarzen Liniengitter mit roten, gelben und blauen Farbflächen würden in einigen Jahrzehnten die Wände der bedeutendsten Museen und Galerien schmücken. Leicht läßt sich der Kulturschock ausmalen, den Mondrians futuristische Farb- und Formspielereien einer noch im 19. Jahrhundert verhafteten Gesellschaft versetzten.

Aber bevor Mondrian mit seiner genialen Geometrie den rechten Winkel zum Kunstprinzip erhob, mußte er erst einmal eine Wende um 180 Grad vollziehen. In den ersten Jahren malte Mondrian durchaus noch gegenständlich, schon 1913 aber, nach seiner Begegnung mit dem Kubismus in Paris, zog er einen Schlußstrich unter seine erste Schaffensperiode. Auf seiner Staffelei entstanden nun die ersten geometrischen Bilder, die ganz von Gesetzmäßigkeit und vom Gleichgewicht aller Elemente bestimmt waren. Die buchstäblich zu nehmende Linientreue Mondrians, die erst allmählich als etwas aufregend Neues in der Kunstwelt begriffen wurde, eröffnete der modernen Malerei neue Horizonte. Zahlreiche Künstler haben seine Impulse verarbeitet; bis heute läßt sich ein nachhaltiger Einfluß Mondrians auf die abstrakte Kunst belegen.

Klare Linien, Vertikalen und Horizontalen, rechte Winkel, Quadrate und Rechtecke fügte der Holländer zu einem zwar asymmetrischen, aber mathematisch exakt austarierten Beziehungsgeflecht zusammen. Aus dem strengen Rhythmus der horizontalen und vertikalen Linien entstand eine Ästhetik der absoluten Ordnung, mit der Mondrian eine universale Harmonie sichtbar machen wollte.

Mit den Primärfarben Rot, Blau und Gelb setzte der Maler Akzente. Stufenweise verbannte er im Laufe seiner künstlerischen Entwicklung Schwarz aus seiner immer lichtvoller werdenden Palette; Spätwerke bestanden nur noch aus roten, gelben und blauen Linien.

Mit seinen richtungsweisenden Ideen, die erstmals in der Kunstgeschichte ein Gleichgewicht aller Bildelemente aus der Asymmetrie heraus schufen, hat Mondrian nicht nur der modernen Malerei neue Anstöße gegeben. Die Wechselbeziehung der aufs äußerste reduzierten Form- und Farbelemente, bei Mondrian bis zur Perfektion weiterentwickelt, lieferte ein theoretisches Fundament, auf dem die moderne Architektur aufbauen konnte. Seine Geometrie machte seit den zwanziger Jahren Schule und diente beispielsweise dem deutschen Bauhaus als Grundpfeiler.

Die klare Linienführung seiner Werke und die Beschränkung auf sehr wenige, markante Details läßt sich eindrucksvoll in eine Tafeldekoration umsetzen: Farben und Formen seiner berühmten Werke als Grundlage einer gastronomischen Hommage à Mondrian.

Arrangement und Accessoires

Geometrie pur und in ihrer schönsten Form, klare Farben und eine geradlinige Dekoration – dies sind die Gestaltungsprinzipien, soll ein Tisch-Kunstwerk à la Mondrian perfekt gelingen. Lassen Sie Ihre Gäste unvermutet zu Ausstellungsbesuchern werden, die fern von musealer Nüchternheit Kunst erleben. Mit einem kleinen Augenzwinkern, versteht sich…

Nicht aus dem farblichen Rahmen fallen

Bereits bei der Wahl des Services sollte für eine kunstvolle Komposition gelten: nicht aus dem farblichen Rahmen fallen. Möchten Sie eine Hommage à Mondrian ohne Wenn und Aber, dann

Mondrian

selbst zu prüfen, ob es sich bei einer Tasse oder einem Teller um Porzellan handelt. Die sicherste Erkennungsmethode: Hält man es gegen das Licht, so ist Porzellan durchscheinend. Weitere unveränderliche Kennzeichen sind der Oberflächenglanz, der angenehme Klang und die sehr reine Farbe, die von bläulichem Weiß bis zu einem Elfenbeinton reichen kann. Außerdem ist typisch für echtes Porzellan, daß Bruchstellen glatt sind und kein Wasser aufsaugen.

Porzellanartikel unterschieden sich früher stark in der Qualität des Scherbens, in Verarbeitung, Dekor, Design und Glasur. Heute sind Qualitätsunterschiede nur noch schwer zu erkennen, weil alle Hersteller eigene Designer beschäftigen, die gleichen Maschinen und Brennöfen benutzen und häufig ihr Material von der gleichen Stelle beziehen. Abweichungen gibt es im Grunde nur noch im Design, in der Aufwendigkeit des Dekors und in der Höhe der Stückzahl.

Ein spezieller Zweig der Porzellanindustrie stellt ausschließlich qualitätsvolle Ware für den Hotel- und Gastronomiebedarf her, die ganz anderen Anforderungen standhalten muß als in privaten Haushalten. In der Gastronomie wird das Porzellan im täglichen Gebrauch viel stärker strapaziert, weshalb seiner Beschaffenheit besondere Aufmerksamkeit zukommt. Eine harte, möglichst glatte Oberfläche ist wichtig, damit das Porzellan widerstandsfähig gegen mechanische Beanspruchung ist. Die Glasur sollte kratz-, schnitt- und ritzfest sein; Säuren und Alkalien dürfen ihr nichts anhaben können.

Immer wichtiger wird die Eignung des Geschirrs für den Mikrowellenherd. Nicht jedes Porzellandekor übersteht den „Mikro" unbeschadet. Metallene Dekore reflektieren die Wellen, es können Funken entstehen, die das Dekor angreifen oder zerstören. Die Hersteller weisen in ihren Produktinformationen aber darauf hin, welche Dekore auch für die Mikrowelle geeignet sind.

Für den Einsatz in der Gastronomie ist ebenfalls von besonderer Bedeutung, daß das Porzellan auch den funktionellen Anforderungen gerecht wird. Im täglichen Gebrauch ist eine hohe Schlagfestigkeit unabdingbar. Ein dickerer Scherben, Ränder-, Kanten- und Fußprofile gewährleisten eine längere Lebensdauer. Dennoch sollte schon bei der Anschaffung darauf geachtet werden, daß eine lange Nachkauf-Garantie besteht.

Gerade dem Gastronomen bietet Porzellan sehr viel: Dank seiner glatten Oberfläche läßt es sich gut reinigen, es ist absolut geschmacks- und geruchsneutral. Neben dem Porzellan für den täglichen Gebrauch sollte der Gastronom ein zweites, festliches Service in seinem Geschirrschrank wissen, um auch außergewöhnlichen Anlässen gerecht werden zu können.

Starke den königlichen Alchimisten und Apotheker Friedrich Böttger und den Physiker Walter von Tschirnhaus auf der Albrechtsburg in Meißen mit geheimnisvollen Erdmassen experimentieren.

Die gähnende Leere in der königlichen Schatztruhe blieb August dem Starken zwar erhalten, denn die wundersame Verwandlung von unedlem in edles Metall gelang seinem Hofalchimisten nicht. Dafür aber schenkte Böttger nach zahllosen Versuchen im Jahre 1709 – Tschirnhaus erlebte den Triumph nicht mehr – der europäischen Welt das „weiße Gold" Porzellan. Das Ergebnis der Experimente wird letztlich wohl auch den Sachsenkönig zufriedengestellt haben, denn das edle Material eignete sich vorzüglich, um den wachsenden ästhetischen Ansprüchen der höfischen Gesellschaft Genüge zu tun.

Das Geheimnis um die Herstellung von Porzellan – Kaolin, Feldspat und Quarz werden bei hohen Temperaturen gebrannt – blieb zunächst eines der bestgehüteten des 18. Jahrhunderts. Unter Androhung strengster Strafen erlegte August der Starke Böttger und den wenigen, die den Fabrikationsprozeß kannten, Stillschweigen auf. Ob nun Böttger sich das Geheimnis kurz vor seinem Tod im Rausch entlocken ließ, wie überliefert wird, oder ob nach anderer Version Arbeitern die Flucht aus dem „goldenen Käfig" Albrechtsburg gelang, um ihre Kenntnisse an andere Manufakturen weiterzugeben – das hochwertige keramische Erzeugnis Porzellan jedenfalls entwickelte sich rasch zu einer kunstvollen Kostbarkeit und war als zeitgemäßer Ausdruck der Ästhetik aus der verfeinerten höfischen Kultur des 18. Jahrhunderts bald nicht mehr wegzudenken.

Bereits 1717 war Meißen nicht mehr die einzige Porzellan-Manufaktur in Europa. Innerhalb weniger Jahrzehnte entstanden Manufakturen in Wien (1717), Venedig (1730), Höchst (1746), Berlin (1748), Fürstenberg (1751) und Nymphenburg (1753). Die verschärfte Konkurrenz veranlaßte die Manufakturen, ihre Porzellanerzeugnisse mit Zeichen – meist

wurden Wappen oder Initialen der Fürsten verewigt – zu versehen.

Nicht nur als wertvoller Werkstoff für künstlerische Zwecke fand Porzellan Verwendung; schon bald entwickelte sich das „weiße Gold" zu einem funktionellen und gleichzeitig ästhetischen Material für die Herstellung häufig handbemalten Tafelgeschirrs. Ließ man sich zunächst nur in gutsituierten Kreisen lukullische Genüsse auf feinem Porzellangeschirr reichen, so sollten sich im Verlauf des 19. Jahrhunderts immer breitere Schichten eine gepflegtere Tafelkultur erlauben können. Der großen Blütezeit des Porzellans in Barock und Rokoko folgten Stilepochen, die sich durch große Formen- und Dekorvielfalt auszeichneten.

Heute gehört Porzellan, das variantenreich, von zarten Farbspielen bis zu schon poetischer Formensprache, glanzvolle Akzente setzt, zu den unverzichtbaren Gestaltungselementen, wenn Tafelfreuden auch zur Augenweide werden sollen. Neue Produktionstechniken sorgen dafür, daß Porzellan meist auch in der Spülmaschine besteht. Ausschlaggebend ist dabei die Temperatur, mit der das Porzellan gebrannt wird. Je höher die Temperatur, desto haltbarer ist das Porzellan.

Fachleute unterscheiden Hartporzellane, die bei rund 1400 Grad Celsius gebrannt werden, von Weichporzellanen, die etwas anders zusammengesetzt sind und sich mit 1300 Grad Celsius begnügen. Zu dieser zweiten Kategorie gehört das chinesische Porzellan, das bereits im 7. Jahrhundert erfunden wurde. Viele Jahrhunderte sollten aber noch vergehen, bevor diese Kunde über die Chinesische Mauer gedrungen war. Im 16. Jahrhundert schließlich entwickelte sich chinesisches Porzellan sogar zum Exportschlager. Bis zu den erfolgreichen Experimenten Böttgers am Hofe August des Starken scheiterten aber alle Versuche, europäisches Porzellan herzustellen.

Natürlich ist nicht alles Porzellan, was glänzt. Es gibt eine Reihe von Möglichkeiten,

werden. Ein markanter Blauton rundet auch hier augenfällig die optische Wirkung des Gedecks ab. Auf ganz natürliche Weise empfehlen sich lange Gräser als phantasievolle Serviettenringe.

Kunstgriff für ein blaues Wunder

Ins rechte Licht können Sie Ihre Kreation rücken, wenn blaue Kerzen auf filigranen Drahtleuchtern schimmern. Als zentraler Blickfang entfaltet ein kunstvolles Glasobjekt, in der Tischmitte plaziert, seine besondere Wirkung. Bei unserer Tafeldekoration ist es ein Kunstwerk von Matheo Thun, das, gefüllt mit blauem Wasser, einen gewollt eigenwilligen Akzent setzt. Dieses Kunststück gelingt Ihnen auch mit schlichteren Glasobjekten, in denen Sie gefärbtes Wasser schimmern lassen. Zur Färbung bietet sich Lebensmittelfarbe an.

Die Tischdekoration blüht zusehends auf, wenn einzelne, langstielige Blütenkelche in schlichten Glasväschen arrangiert werden. Gerade Anemonen und zarte Fresien in den entsprechenden Farbtönen fügen sich harmonisch ins Gesamtbild ein.

Zeigen Sie Ihren Gästen bei Speise- und Tischkarten blau auf weiß – möglich ist natürlich auch die Umkehrversion –, welcher Farbton bei Ihnen angeschlagen wird. Auch auf Details am Rande sollten Sie achten: Das Farbthema kann auch bei der Garderobe des Personals sehr anziehend wirken. Schon eine blaue Blume im Knopfloch oder eine blaue Krawatte genügen, um auch die Servicekräfte Farbe bekennen zu lassen.

Eine „Blaue Woche" lang

Der Einsatz von Farbe ermöglicht schon mit wenigen Mitteln, vor allem aber bei konsequenter Umsetzung des Themas, Stimmung und Atmosphäre zu schaffen und ein ganz besonderes Ambiente entstehen zu lassen. Ohne unverhältnismäßig großen Aufwand lassen sich Tischkreationen damit im gastronomischen Alltag verwirklichen. Eine besonders augenfällige Wirkung erreichen Sie, wenn Sie nicht nur an einem Tag zur kulinarischen „Blauen Stunde" bitten, sondern die Farbidee zum Thema einer ganzen Woche machen. So läßt sich die „Blaue Woche" sehr passend mit einer Fischwoche verbinden.

Lassen Sie Ihren Farbphantasien freien Lauf. Die ganze Farbenskala steht Ihnen zur Verfügung, um gekonnt immer wieder neue Effekte zu erzielen und auf prägnante Weise den ganz individuellen Charakter Ihrer Tischinszenierungen zu unterstreichen. Ihr Vorteil: Auch wenn Sie zu einer „Roten Woche" einladen oder den Raum in frischem Gelb oder Grün erstrahlen lassen, können Sie immer auf Ihr weißes Porzellan zurückgreifen.

Exkurs: Porzellan

Hätte der Sachsenkönig August der Starke einen weniger ausschweifenden Lebensstil gepflegt und sich nicht in ständiger Geldnot befunden, die Erfindung des europäischen Porzellans hätte vielleicht noch viele Jahre auf sich warten lassen. Die leere Schatulle bewog den Regenten nämlich, nach dem Stein der Weisen suchen zu lassen. Verschiedene Erden, so glaubte man damals, müßten so miteinander zu verschmelzen sein, daß unechte Metalle sich in Gold verwandeln. Und dazu ließ August der

Blau – Eine Farbe gibt den Ton an

Chagall liebte sie wie keine andere, Franz Marc ließ sich von ihr inspirieren und Picasso widmete ihr eine ganze Schaffensperiode – die Farbe Blau, facettenreich und voller Leuchtkraft. Kaum eine Farbe zog Künstler wie Kandinsky und Klee so stark in ihren Bann, kaum eine Farbe stand Pate für so stimmungsvolle Wortschöpfungen wie die „Blaue Stunde". Grund genug also, sich die ganze Palette der Schattierungen dieser Farbe auch dort zunutze zu machen, wo Ästhetik und ein harmonisches Ambiente ihren festen Platz haben: in der Gastronomie.

Farbe gezielt einsetzen bedeutet gerade hier, neben einem kulinarischen auch ein optisches Kunstwerk zu schaffen, das aus dem alltäglichen gastronomischen Rahmen fällt. Schon kleine Details können individuelle und unverwechselbare Tisch-Stilleben schaffen.

Ob Sie Ihre Gäste mit einer vollendeten Farbkreation verzaubern oder durch kleine farbliche Akzente eine stimmungsvolle Atmosphäre entstehen lassen, bleibt Ihnen überlassen. Doch eines steht fest: Schon mit kleinstem Aufwand können Sie überraschende Wirkungen erzielen.

Nicht nur Ton in Ton entfaltet die Farbe Blau ihren ganz persönlichen Charakter; gerade in Verbindung mit kühlem Weiß kommt die ganze Palette von tiefem Königsblau bis zu zartem Bleu besonders zur Geltung. Lassen Sie Ihre Gäste an einer Tafel Platz nehmen, die vom Dessertteller bis zur Damasttischdecke in Meeresfarben getaucht ist, oder lassen Sie durch schlichtes, weißes Porzellan azurfarbene Muranogläser erstrahlen.

Was sich gleich einem blauen Band durch das Tischgemälde zieht, kann selbstverständlich auch der berühmte rote Faden sein, und das im wahrsten Sinn des Wortes. Die Hauptsache ist auch hier, Farbe zu bekennen. Rustikales in Rot oder Glänzendes in Gelb; mit einem gezielten Griff in den Farbkasten verwandelt sich ein weißes Tischeinerlei mit wenigen Pinselstrichen in ein stimmiges Tafelbild.

Bei den Farbspielereien sind der Phantasie kaum Grenzen gesetzt. Lassen Sie die Tischdecke doch einmal zum roten Tuch werden, oder zeigen Sie Ihren Gästen die gelbe (natürlich nur Speise-) Karte. Die Variationsmöglichkeiten sind so groß wie die Palette der Farben selbst.

Aber auch hier gilt, daß weniger oft mehr ist. Schon einzelne, geschickt arrangierte Blütenkelche in leuchtendem Rot oder ein zartgelber Blütenstrom setzen Akzente.

Wichtig ist bei alledem nur, daß die Farbe den Ton angibt...

Arrangement und Accessoires

Für welche Variante auch immer Sie sich entscheiden, wichtig ist ein konsequentes und stimmiges Konzept für Ihre Tischinszenierung. Lassen Sie Ihre Gäste einmal ein blaues Wunder erleben, und scheuen Sie sich nicht, auch mit kräftigen Farbtupfern Akzente zu setzen.

Die Raumwirkung bestimmt die Farbe Blau in ihren verschiedensten Schattierungen von Himmelblau über Veilchenblau bis zu Pfauenblau. Sie können sich darauf beschränken, sehr dezent Farbe aufzulegen, dafür aber in den zarten Blautönen zu schwelgen. Oder Sie setzen punktuell einzelne blaufarbige Elemente der Tischdekoration wirkungsvoll in Szene. Dann dürfen die Farbtöne schon kräftiger sein.

Kühl-eleganter Charakter

Die Fahrt ins Blaue kann schon bei der Wahl des Services beginnen. Optisch reizvoll wirkt Porzellan in einer unaufdringlichen Blaunuance. Wenn Sie den kühl-eleganten Charakter der Farbe Blau unterstreichen wollen, so bietet, wie bei unserem Vorschlag, gerade weißes Tafelgeschirr mit dezentem Dekor den passenden Rahmen. Langstielige, schlanke Gläser betonen die exklusive Note Ihrer Tischdekoration.

Die Ausstrahlungskraft des Ensembles läßt sich weiter steigern, wenn sich das Spiel mit der Farbe Blau als besonderer Clou bei der Wahl des Cocktails fortsetzt. Stimmen Sie Ihre Gäste beispielsweise mit Blue Curaçao auf eine entspannte „Blaue Stunde" an Ihrer Tafel ein.

Grundlegender Bestandteil einer optimal abgestimmten Farbkomposition ist die Tischwäsche, die dem schlichten Farbton des Tafelgeschirrs entsprechen sollte. Eine Decke in frischem Weiß oder in zartem Bleu-Pastell bereitet den Boden für ein wirkungsvolles Zusammenspiel mit den kühl-blauen Elementen der Tischdekoration. Auch bei der Wahl der Servietten darf Farbe bekannt